Meinen Eltern

Sabine Grotehusmann

Der Prüfungserfolg

Die optimale
Prüfungsvorbereitung
für jeden Lerntyp

Bibliografische Information der Deutschen Nationalbibliothek

Die Deutsche Nationalbibliothek verzeichnet diese Publikation
in der Deutschen Nationalbibliografie; detaillierte bibliografische
Daten sind im Internet über http://dnb.d-nb.de abrufbar.

ISBN 978-3-89749-859-4

Lektorat: Friederike Mannsperger
Umschlaggestaltung: Martin Zech Design, Bremen I www.martinzech.de

Umschlagfoto: Jake Rajs/Getty/Photonica
Illustrationen: Alexander Holzach
Satz und Layout: Lohse Design, Büttelborn I www.lohse-design.de
Druck und Bindung: Salzland Druck, Staßfurt

www.gabal-verlag.de
Abonnieren Sie unseren Newsletter unter:
newsletter@gabal-verlag.de

Inhalt

Vorwort

Die wichtige Prüfung rückt immer näher? Ihre letzte Prüfung liegt eine gefühlte Ewigkeit zurück? Sie sind aus der Übung, was Klausuren und mündliche Prüfungen betrifft? Außerdem wissen Sie nicht, wie Sie die großen Stoffmengen in Ihren Kopf bekommen sollen und verspüren bereits ein leichtes Ziehen in der Magengegend?

Dann ist dieses Buch genau auf Sie zugeschnitten. Es richtet sich an jeden, der eine große Prüfung vor sich hat, zum Beispiel Studenten, angehende Heilpraktiker, Steuerberater, Meister und Wirtschaftsprüfer. Wenn Lernen für Sie keine Selbstverständlichkeit ist, Sie vielleicht „nebenbei" auch noch Beruf und Familie haben oder viel von der Prüfung abhängt, dann hilft Ihnen dieses Buch. Es vermittelt Ihnen, wie Sie die Prüfung effizient vorbereiten. Das wurde Ihnen schon einmal versprochen, aber Sie wurden enttäuscht? Sie haben eventuell festgestellt, dass Sie anders lernen als andere und bestimmte Lerntechniken Ihnen nichts bringen? Deshalb fühlen Sie sich manchmal dumm, überfordert oder uralt? Viele Menschen empfinden so. Das Besondere an diesem Buch ist, dass es auf die individuelle Lernerpersönlichkeit eingeht.

Im ersten Kapitel können Sie Ihre eigene Lernerpersönlichkeit ermitteln. In den weiteren Kapiteln erhalten Sie jeweils Tipps, die Ihrer Persönlichkeit entgegenkommen. Außerdem werden Sie eine Fülle bewährter Methoden und Techniken kennenlernen und ausprobieren. Alle Übungen und Tipps stammen aus der Praxis, da die Erfahrungen meiner Seminarteilnehmer, Studenten und Schüler in dieses Buch mit eingeflossen sind.

Wer besonders dringend Hilfe braucht, wird mit diesem Buch schnell ans Ziel kommen, denn die Merksätze, Checklisten und Tipps ermöglichen ein bequemes Querlesen und Springen.

Als Überflieger durchstarten und einen Prüfungserfolg landen!

Zu diesem Buch

Jeder Mensch lernt anders.

Das vorliegende Buch basiert auf zwei Grundgedanken. Der eine ist die Metapher des Fliegens. Sie zieht sich wie ein roter Faden durch alle Kapitel. Dabei steht das Fliegen sinnbildlich für das Lernen. Der Leser wird sozusagen zum Lernpiloten ausgebildet. Das Ziel ist ein ruhiger Flug, das heißt, eine angenehme Prüfungsvorbereitung und eine sichere Landung. Sie entspricht der bestandenen Prüfung. Zur Ausbildung gehören auch die Streckenplanung, eine Einführung ins Funken und der Umgang mit Flugangst.

Metapher des Fliegens
Mit dieser Metapher arbeite ich seit einigen Jahren in meinen Seminaren und staune immer wieder, wie viel besser sich die Teilnehmer die Tipps und Techniken seither merken. Das geht soweit, dass sie den Flug-Wortschatz automatisch übernehmen. So werden mir häufig Fragen gestellt wie diese: „Ich komme leicht vom Kurs ab, obwohl ich einen genauen Streckenplan habe. Was kann ich dagegen tun?" Die Flugmetapher hat sich außerdem bei Menschen mit Lernschwierigkeiten bewährt. Schon die Wörter Lernen, Prüfung, Lernplan und Lerntechniken verursachen manch einem Bauchweh. Mit der Flugmetapher kann man sich diesen Themen auf neue Art nähern und alte Traumata elegant umgehen.

Die individuelle Lernerpersönlichkeit
Der zweite Grundgedanke ist das Konzept der Lernerpersönlichkeit. In einem Eingangstest ermittelt der Leser seine individuelle Lernerpersönlichkeit. Dabei wird unter anderem erfasst, wie er Informationen aufnimmt, Dinge versteht und Entscheidungen fällt. Den Begriff der Lernerpersönlichkeit habe ich gewählt, da dieser Test nur die Wesenszüge ermittelt, die beim Lernen gezeigt werden. Also nicht die Eigenschaften als Sohn, Abteilungsleiterin, Computerexperte, Patentante, Fußballer oder Chormitglied.

Dieses Konzept bildete schon früh die Grundlage meiner Seminare. Bei meinen Tätigkeiten als Sprachlehrerin, Tutorin, Trainerin und Lehrerin bemerkte ich, dass jeder Mensch anders lernt. Einige Tipps führten bei dem einen Teilnehmer zum Erfolg, bei dem anderen jedoch zum Gegenteil. Aus diesem Grund bekommt jeder Leser in diesem Buch individuelle Hilfe. Wer sich seiner Lernerpersönlichkeit bewusst ist, kann seine Stärken besser nutzen und wird in Zukunft jede Prüfung erfolgreich meistern. Misserfolge sowie Lernfrust werden der Vergangenheit angehören.

Ein Nebeneffekt ist, dass der Leser auch andere Lernerpersönlichkeiten kennenlernt. Dadurch wird er das Verhalten von Mitlernern, seinen eigenen Kindern oder Schülern besser verstehen und angemessen darauf reagieren können. Das Buch ist daher auch für Lehrende und Eltern geeignet. Es enthält zahlreiche Anekdoten, Erfahrungsbeispiele, Übungen, Checklisten, Buchtipps, wissenschaftliche Hintergründe, Zusammenfassungen, Übersichten, Merksätze und Illustrationen, die allen Lernerpersönlichkeiten gerecht werden.

Andere Lernerpersönlichkeiten kennenlernen

Das Konzept der Lernerpersönlichkeit steht in einer langen Tradition. Begonnen hat die Erfassung unterschiedlicher Persönlichkeitstypen bereits im 6. Jahrhundert v. Chr.

Hintergründe zur Lernerpersönlichkeit

Die Säftelehre des Abendlandes

Sie wurde von Alkmaion von Kroton ca. 530 v. Chr. in Griechenland begründet. Die damals entwickelte Vier-Säfte-Lehre diente in erster Linie medizinischen Zwecken. Sie führte in der ärztlichen Praxis zu so guten Erfolgen, dass sie auch in der mittelalterlichen Medizintheorie eine wesentliche Grundlage darstellte und noch bis ins 19. Jahrhundert von Ärzten geschätzt wurde.

Eine zentrale Rolle spielen in diesem Konzept die vier Körpersäfte: Blut, Schleim, schwarze Galle und gelbe Galle. Der Kerngedanke ist, dass die Ursachen für Krankheiten auf dem gestörten Gleichgewicht dieser Säfte basieren und die Therapie an den vier Säften ansetzen muss. Mit dem Überwiegen einzelner Bestandteile wurden die vier Grundtypen des Menschen begründet:

Die vier Körpersäfte

Typ	Überwiegender Saft	Grundtyp
Sanguiniker	wallendes Blut	heiter, aber leicht erreg- und reizbar
Phlegmatiker	zäher Schleim	oberflächlich, zögernd, vorsichtig
Choleriker	gelbe Galle	aufbrausend und jähzornig
Melancholiker	schwarze Galle	gehemmt, traurig und meist verstimmt

Die Fünf-Elemente-Lehre aus Fernost

Auch diese Lehre dient medizinischen Zwecken und ist die Grundlage der Traditionellen Chinesischen Medizin (TCM). Sie ist mehr als 2000 Jahre alt, erlebte wie die Vier-Säfte-Lehre ihren Höhepunkt in der Zeit des europäischen Mittelalters und wurde ebenfalls im 19. Jahrhundert von Technik und Wissenschaft ins Abseits gedrängt. In der Fünf-Elemente-Lehre werden Elemente auf Charakterzüge übertragen. Der wesentliche Unterschied zur Vier-Säfte-Lehre besteht darin, dass von fünf statt von vier Grundelementen ausgegangen wird – Holz, Feuer, Erde, Metall und Wasser.

C. G. Jungs „Psychologische Typen"

Der Schweizer Tiefenpsychologe Carl Gustav Jung (1875–1961), direkter Schüler von Sigmund Freud (1856–1939), entwickelte 1921 ebenfalls ein Modell, das die verschiedenen psychologischen Typen erfasst. Während die Säfte- und die Elemente-Lehre den Medizinern dienen, hilft Jungs Modell den Psychologen dabei, ihre Patienten besser einzuschätzen und sie typgerecht zu behandeln.

Die vier Grundfunktionen Nach Jung lässt sich die Persönlichkeit eines Menschen beschreiben, wenn man die Art und Weise kennt, wie er Ereignisse beurteilt und wahrnimmt. Dabei geht Jung wiederum von vier Grundfunktionen aus: Denken, Fühlen, Empfinden und Intuition. Das Denken bezeichnet ihm zufolge eine analytische und objektive Art des Beurteilens, das Fühlen eine subjektive und gefühlsmäßige. Das Empfinden bezeichnet die Wahrnehmung über die Sinnesorgane, die Intuition die intuitive Wahrnehmung.

Neu hinzu kommt sein Ansatz, dass jede Eigenschaft entweder extravertiert oder introvertiert ausgeprägt ist. Extravertiertes Verhalten ist laut Jung auf die äußere Welt ausgerichtet, wohingegen introvertiertes Verhalten sich an der Innenwelt orientiert. So kommt er auf acht verschiedene Persönlichkeitstypen.

Praktische Anwendungen von Jungs Theorie

Jungs Theorie diente Isabel Myers (1897–1980) und Katharine Briggs (1875–1968) als Grundlage für die Entwicklung des kommerziellen Myers-Briggs-Typenindikators (MBTI). Dieser psychologische Test wird bevorzugt in der Wirtschaft eingesetzt. Einzelpersonen benutzen ihn vor allem im anglo-amerikanischen Raum als Hilfe bei der Karriereplanung. Dank der genauen Bestimmung der eigenen Persönlichkeit finden sie leichter den passenden Job. Ziel ist es, eine möglichst hohe Übereinstimmung von beruflichen Anforderungen und persönlicher Neigung zu erreichen. Damit steigt schließlich auch die Zufriedenheit bei der Arbeit. Noch häufiger wird der MBTI jedoch von Unternehmen durchgeführt, insbesondere in der Personalentwicklung und bei der Zusammenstellung von Arbeitsteams.

Der Myers-Briggs-Typenindikator (MBTI)

Felder lehrte als Professor an einer amerikanischen Universität im Bereich der Ingenieurswissenschaften. In seiner Praxis stellte er fest, dass viele potenziell exzellente Ingenieure das Studium abbrachen oder nicht schafften. Mittels Jungs Persönlichkeitsmodell fand er heraus, dass die Persönlichkeiten dieser Studenten nicht mit den Lehrmethoden des Faches zusammenpassten. Er übertrug Jungs Modell mit einigen Veränderungen auf die Lernsituation und kam so zu dem Konzept der verschiedenen Lernstile (1987). Aus den ermittelten Lernstilen leitete Felder Tipps für Professoren und Dozenten ab, die seine Zielgruppe darstellten. In seinem bekannten Aufsatz: „Learning and Teaching Styles in Engineering Education" gibt er ihnen Hinweise, wie sie den verschiedenen Lernstilen in ihren Lehrveranstaltungen gerecht werden können. Sein Test ist im Internet für jeden zugänglich unter der Abkürzung „ILS Test" (http://www.engr.ncsu.edu/learningstyles/ilsweb.html).

Lernstile nach Richard M. Felder

Selbsttest Lernerpersönlichkeiten

Der im vorliegenden Buch angebotene Test richtet sich direkt an den Lernenden in der Universität, Fortbildung, Weiterbildung und im privaten Bereich. Zugrunde liegen die Kategorien von C. G. Jung: Extraversion und Introversion, Empfinden und Intuition, Denken und Fühlen. Aus dem Ansatz von Myers-Briggs stammt der Aspekt des Judging und Perceiving. Bei Interesse am wissenschaftlichen Hintergrund lesen Sie in den im Anhang aufgeführten Büchern weiter. Wichtig ist auch der Spaß am Test selbst. Deshalb unterscheiden sich die Testfragen von den herkömmlichen Tests, denn sie sollen bei der Testperson bereits eine positive Einstellung zum Thema Lernen herbeiführen.

Anmerkungen zur Begrifflichkeit

Aus Gründen der Lesbarkeit wird jeweils nur die männliche Form angegeben. Sollte also von Kursteilnehmern oder Studenten die Rede sein, mögen sich bitte immer auch die Studentinnen und Teilnehmerinnen angesprochen fühlen! Da sich das Buch an verschiedene Lerner richtet, werden die Bezeichnungen Student, Studierender, Lerner usw. abgewechselt.

1. Die individuelle Lernerpersönlichkeit oder: Wie man das passende Flugobjekt findet

Würden Sie zu einem Piloten in den Jumbojet steigen, der bisher ausschließlich Heißluftballons geflogen ist? Wohl kaum. Natürlich unterliegt das Fliegen immer den gleichen Grundprinzipien. Doch jedes Modell fliegt sich anders. Deshalb müssen Piloten eine Typenberechtigung erwerben. Nur mit dieser speziellen Kenntnis dürfen sie dann einen bestimmten Typ, wie eine Boing 737, fliegen.

Wer sein Flugobjekt gut kennt, kommt schnell und sicher ans Ziel.

Jede Prüfungsvorbereitung verläuft ähnlich. Wie Sie persönlich dabei am besten vorgehen, hängt jedoch von Ihrer individuellen Lernerpersönlichkeit ab.

Die individuelle Lernerpersönlichkeit legt die Flugroute fest.

Erst wenn Sie diese kennen, können Sie sich effizient auf die anstehende Prüfung vorbereiten. Sie werden viel Kraft sparen und Freude am Lernen verspüren. Frust und Denkblockaden werden Sie hinter sich lassen, wenn Sie sich entsprechend Ihrer Lernerpersönlichkeit vorbereiten. Ihr Lernen wird sich in Zukunft auch sehr vom traditionellen schulischen Lernen unterscheiden. Denn von nun an dürfen Sie Pausen machen, wenn Sie das Bedürfnis danach verspüren. Sie können zwischen verschiedenen Aufgabenarten wählen und die Reihenfolge der Bearbeitung selbst festlegen. Sie dürfen reden, wenn Ihnen danach ist und schweigen, wenn Sie nichts sagen möchten, sich bewegen, wenn die Beine kribbeln … .

Wohlfühl-Lernen

Ihre Lernerpersönlichkeit ist übrigens keine starre Größe, sondern verändert sich mit dem Lebensalter, so wie ein Pilot in seiner Karriere auch unterschiedliche Flugzeugtypen fliegt.

Selbsttest

Mit dem anschließenden Test können Sie Ihre eigene Lernerpersönlichkeit ermitteln. Beantworten Sie dazu die 16 Testfragen, indem Sie jeweils eine der vorgeschlagenen Antworten ankreuzen. Lesen Sie sich anschließend die Auswertung durch. Falls Sie sich nicht zwischen zwei Antworten entscheiden können, dann kreuzen Sie die an, die öfter oder stärker auf Sie zutrifft. Mit Ihrer Lernerpersönlichkeit ermitteln Sie Ihr individuelles Flugobjekt.

Fliegen Sie eine Passagiermaschine oder einen Segelflieger?

1. Wie lernen Sie im Unterricht am liebsten?
a) Wenn ich aktiv bin (meine Ideen einbringen kann, indem ich beispielsweise etwas präsentiere).
b) Wenn ich dabei in der Nase bohre.
c) Wenn ich zuhöre, mir Notizen mache.

2. Sie haben lange Zeit für eine Klausur gelernt und sie heute sehr gut hinter sich gebracht. Daraufhin …
a) nehme ich eine Auszeit und gehe sechs Monate auf Weltreise.
b) mache ich es mir allein zu Hause gemütlich und genieße die Ruhe.
c) treffe ich möglichst viele Freunde, die ich in letzter Zeit nicht sehen konnte.

3. Wenn ich etwas Neues verstehen soll, hilft es mir, …
a) wenn ich darüber mit jemandem rede.
b) wenn ich darüber in Ruhe nachdenke.
c) wenn ich erst einmal ein Stück Torte esse.

4. Sie dürfen wählen, ob Sie Ihre mündliche Prüfung als Gruppenprüfung oder als Einzelprüfung absolvieren.
a) Sie sagen den Prüfern, dass Ihnen das sch… egal sei.
b) Sie wählen die Einzelprüfung, da Sie gern im Mittelpunkt stehen.
c) Sie wählen die Gruppenprüfung, da Sie nicht gern im Zentrum der Aufmerksamkeit stehen.

Lösungen: Unterstreichen Sie Ihre Ergebnisse.

1.	2.	3.	4.
a) Passagier	a) Teppich	a) Passagier	a) Teppich
b) Teppich	b) Segel	b) Segel	b) Passagier
c) Segel	c) Passagier	c) Teppich	c) Segel

Fliegen Sie einen Jumbojet oder ein Raumschiff?

1. Beim Wiederholen oder Auswendiglernen …
a) langweile ich mich tödlich.
b) fühle ich mich eher wohl.
c) bekomme ich Lust zum Knutschen.

2. Morgen müssen Sie einen wichtigen Aufsatz abgeben.
a) Ihnen fehlt nur noch das Ergebnis. Sie lesen sich Ihre Argumentation noch einmal durch und formulieren das Schlusswort.
b) Sie überlegen, welche Symptome Sie Ihrem Arzt diesmal beschreiben.
c) Sie haben das Ergebnis und das Konzept, wissen aber nicht, ob die Zeit reichen wird, auch die Details angemessen zu Papier zu bringen.

3. Sie sollen mit jemandem ein Referat ausarbeiten. Ihr Dozent schreibt eine Aufgabenteilung vor. Es ist garantiert, dass beide Teile gleich viel Arbeit erfordern.
a) Sie übernehmen den Teil, der Fakten und reale Situationen behandelt.
b) Sie übernehmen den Teil, in dem eine Theorie vorgestellt wird.
c) Sie bezahlen den anderen dafür, dass er alles ausarbeitet.

4. Führen Sie einen Kalender?
a) Ja, ich sehe jeden Tag hinein.
b) Nein. Ich lese jeden Tag mein Horoskop, so weiß ich genau, was mir der Tag bringen wird.
c) Nein, die wirklich wichtigen Termine habe ich im Kopf.

Lösungen: Unterstreichen Sie Ihre Ergebnisse.

1.	2.	3.	4.
a) Raumschiff	a) Jumbojet	a) Jumbojet	a) Jumbojet
b) Jumbojet	b) Teppich	b) Raumschiff	b) Teppich
c) Teppich	c) Raumschiff	c) Teppich	c) Raumschiff

Fliegen Sie einen Rettungshubschrauber oder einen Heißluftballon?

1. Ihre Lerngruppe trifft sich zum ersten Mal. Wie verhalten Sie sich?
a) Ich sorge für eine angenehme Stimmung (bringe Kuchen oder Bier mit) und führe nette Gespräche.
b) Ich zeichne heimlich miese Karikaturen meiner Mitlerner.
c) Ich beginne mit der Moderation des Treffens, um dem Ganzen eine Struktur zu geben.

2. Jemand aus Ihrem Kurs bittet Sie, sein offensichtlich misslungenes Referat zu beurteilen.
a) Sie rollen mit den Augen und sagen: „Tut mir Leid, aber das wäre echte Zeitverschwendung."
b) Sie benennen ehrlich alle Schwachpunkte, damit derjenige es beim nächsten Mal besser macht.
c) Sie möchten denjenigen nicht verletzen und sagen etwas Positives. Vielleicht sagen Sie: „Du hast sehr deutlich gesprochen."

3. Ihr Dozent stellt seine neue Unterrichtsmethode vor. Von nun an gibt es drei Aufgabenarten: einfache, mittlere und schwere. Jeder bekommt die Aufgabenart, mit der er zurechtkommt, auch im Test. Sie finden das
a) schlecht, da es ungerecht ist.
b) gut, da so auch die Schwächeren motiviert werden.
c) anarchistisch und rufen sofort bei der BILD-Zeitung an.

4. Stellen Sie sich vor, es gibt Stress in der Klasse. Zwei Teilnehmer aus Ihrer Lerngruppe streiten sich in der Pause heftig. Sie schreien sich an und beschimpfen sich bitter.
a) Das nimmt mich so mit, dass ich mich in der folgenden Stunde nicht gut konzentrieren kann.
b) Ich gebe beiden eine Ohrfeige und fertig.
c) Obwohl es mich berührt hat, denke ich in der nächsten Stunde nicht mehr daran und meine Leistung ist wie immer.

Lösungen: Unterstreichen Sie Ihre Ergebnisse.

1.	2.	3.	4.
a) Heißluft	a) Teppich	a) Rettung	a) Heißluft
b) Teppich	b) Rettung	b) Heißluft	b) Teppich
c) Rettung	c) Heißluft	c) Teppich	c) Rettung

Fliegen Sie einen Düsenjet oder einen Sportdrachen?

1. Sie lernen seit gut drei Stunden hochkonzentriert und Ihr Kopf raucht. Sie sind mitten in einem Kapitel. Was machen Sie?
a) Ich verbrenne meine Lernunterlagen.
b) Ich arbeite mich noch durch dieses Kapitel und lege die Sachen erst dann zur Seite.
c) Ich lasse das Buch einfach liegen und belohne mich mit einer netten Abwechslung.

2. Sie wollen mit dem Lernen anfangen. Ein guter Freund ruft an, um sich mit Ihnen in einer halben Stunde zu treffen. Später kann er nicht.
a) Ich reagiere spontan, sage zu und verschiebe das Lernen auf später.
b) Ich sage ab, nach dem Motto: Erst die Arbeit – dann das Vergnügen!
c) Ich biete an, für drei Tage mit ihm wegzufahren, um in Ruhe reden zu können.

3. **Drei Monate vor Ihrer Prüfung. Sie melden sich zur Prüfung an und dürfen bereits Ihr Wahlgebiet angeben.**
   a) Sie sind überfordert, melden sich wieder ab, da Sie sich noch nicht soweit fühlen und lieber noch sechs Monate warten.
   b) Sie geben es noch nicht an, da Sie sich alle Möglichkeiten offenhalten wollen.
   c) Sie geben Ihr Wahlgebiet an und fühlen sich danach sehr wohl.

4. **Morgen schreiben Sie eine wichtige Klausur. Informationen über die Bewertung, die Gewichtung der einzelnen Teile und die Bedeutung für Ihre Endnote.**
   a) haben Sie eingeholt und wissen genau, was Sie erwartet.
   b) brauchen Sie nicht, Sie werden sowieso durchfallen.
   c) haben Sie nicht eingeholt. Das würde Sie nur nervös machen.

Lösungen: Unterstreichen Sie Ihre Ergebnisse.

1.	2.	3.	4.
a) Teppich	a) Drachen	a) Teppich	a) Düsenjet
b) Düsenjet	b) Düsenjet	b) Drachen	b) Teppich
c) Drachen	c) Teppich	c) Düsenjet	c) Drachen

Testauswertung – Ihr persönliches Flugobjekt

Die Lernerpersönlichkeiten sind so facettenreich, dass sie sich nicht nur einem Flugzeugmodell zuordnen lassen. Stattdessen ist Ihre Persönlichkeit eine Mischung aus vier Flugzeugtypen. Sie sind also zum Beispiel kein reiner Rettungshubschrauber, sondern immer eine Kreuzung aus vier Modellen. Insgesamt ergeben sich 16 mögliche Lernerpersönlichkeiten.

Tragen Sie in die folgende Tabelle Ihre Testergebnisse ein. Zählen Sie, wie oft Sie welches Modell angekreuzt haben.

Verhältnis der Flugmodelle	Beispiel Verhältnisse:	Ihre Verhältnisse:
Passagiermaschine: Segelflieger	3 : 1	
Jumbojet: Raumschiff	4 : 0	
Rettungshubschrauber: Heißluftballon	2 : 2	
Düsenjet: Drachen	2 : 2	

Ihre Lernerpersönlichkeit setzt sich aus vier Flugzeugtypen zusammen.

Schreiben Sie hier auf, aus welchen vier Flugzeugtypen Ihr individuelles Flugobjekt zusammengebaut wird.

1. _____

2 _____

3. _____

4. _____

Sollten Sie auch 2 : 2 Ergebnisse haben, dann lesen Sie sich die Auswertung für beide Flugobjekte durch und entscheiden Sie danach, welches stärker auf Sie zutrifft.

Es gibt bei diesem Test kein Richtig oder Falsch, denn es gibt keine bessere oder schlechtere Lernerpersönlichkeit. Höchstens eine, die besser zu unserem Bildungssystem passt als eine andere. Jeder ist in der Lage, auch das andere Lernverhalten zu zeigen oder sich anzueignen. Eine derartige Anpassung ist durch Motivation, Intelligenz und Disziplin möglich.

Typgerechte Lernbedingungen

Der bessere Weg ist meiner Meinung nach ein anderer. Wir müssen uns alle dafür einsetzen, langfristig Lernbedingungen zu schaffen, die auf die verschiedenen Persönlichkeiten eingehen. Dazu gehören auch individuelle Lehrpläne und Lernziele. Damit würden Frust, schulische Traumata und häusliche Diskussionen endlich der Vergangenheit angehören. Eine Geschlechtsspezifik ist mir bei den Lernerpersönlichkeiten bislang nicht bekannt. Da dieser Test nur 16 Fragen umfasst, kann es in Ausnahmefällen vorkommen, dass sich jemand in einer Beschreibung nicht wiedererkennt. Derjenige sollte dann die Beschreibung des anderen Flugobjektes durchlesen und dieses ankreuzen, falls es auf ihn zutrifft.

1. Passagiermaschine

Sie fliegen eine Passagiermaschine, da Sie sich gern mit Menschen umgeben. Aus diesem Grund lernen Sie auch gut in Gesellschaft. Wie ein Flugkapitän, der es genießt, seine Passagiere auf landschaftliche Highlights hinzuweisen, lieben auch Sie das Reden.

Inspiration durch Reden

Mündliche Prüfungen und Referate liegen Ihnen. Auf Zwischenfragen reagieren Sie dabei spontan und gelassen. Sie regen Sie sogar an und inspirieren Sie zu geistigen Höhenflügen.

Mein Cousin Robert ist ein Passagier-Lerner. Einmal besuchte ich ihn während der Prüfungsvorbereitung für sein Medizin-Examen. Ich blickte in sein Zimmer und sah, wie er gerade ein Röntgenbild hochhielt und es seinem Kommilitonen erklärte – das nahm ich zumindest an. Sein Gegenüber war meinem Blick versperrt. Als ich ins Zimmer trat, um seinen Lernpartner zu begrüßen, blickte mich jedoch kein menschliches Wesen an. Nein, Hugo, sein Cockerspaniel, war der stille Zuhörer. Sie brauchen jemanden, dem Sie das Gelernte erzählen können. Egal, ob derjenige Sie versteht oder nicht!

Wie inspirierend es sein kann, einem Tier seine Arbeit zu erklären, zeigt auch der Welthit „Mandy" von Barry Manilow. Geschrieben hatte er diesen Lovesong ursprünglich für seinen Hund, der ihm beim Komponieren und in den Pausen immer Gesellschaft leistete.

2. Segelflieger

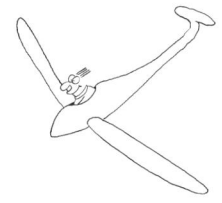

Der Horizont, die Stille und Sie. Tiefes Glück durchströmt Sie, wenn Sie allein durch die Lüfte schweben. Nicht einmal ein Motor surrt. Sie verspüren kein dringendes Bedürfnis, dieses Glück mit anderen zu teilen, sondern genießen diese Momente allein. Daher fühlen Sie sich in einem ruhigen Arbeitszimmer wohl. Auch die Atmosphäre in der Bibliothek gefällt Ihnen. Dennoch sind Sie kein Einsiedler. Von Ihren Mitlernern werden Sie besonders dafür geschätzt, dass Sie sich beim Kaffeetrinken ihre Themen, Fortschritte und Sorgen anhören. Auch Ihnen tut das gut. Sie entspannen beim Zuhören und bekommen auf diese Weise ab und zu einen guten Tipp oder eine Anregung für Ihre eigene Arbeit.

Ein guter Zuhörer

Der französische Philosoph Michel de Montaigne (1533–1592) zog sich für zehn Jahre auf sein Schloss zurück, genauer gesagt in seinen Turm. Er gab alle öffentlichen Geschäfte ab und schrieb in der völligen Privatheit die ersten beiden Bände seiner berühmten Essais.

3. Jumbojet

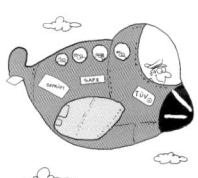

Ihr Jet ist extrem effizient. Er ist so gebaut, dass Sie bei minimalen Kosten eine maximale Anzahl an Passagieren zum Ziel befördern können. Diese Effizenz entspricht Ihrem realistischen Vorgehen beim Lernen. Sie gehen Schritt für Schritt und gut geplant vor, sodass Sie nicht auf den letzten Drucker die Nächte durchlernen müssen. Es verleiht Ihnen Sicherheit und Souveränität, wenn Sie Ihr Wissen durch Wiederholen verinnerlichen und in Übungen anwenden. Sowohl Ihre Mitlerner als auch Ihre Lehrer schätzen Ihre stabilen Nerven und Ihre Ruhe auch noch kurz vor der Prüfung. Am letzten Tag vor der Prüfung entspannen Sie sich. Sie können sich ausgezeichnet aufs Arbeiten konzentrieren und versinken in Ihren Themen. Details, konkrete Zahlen und Fakten bilden Ihren Ausgangspunkt beim Lernen. Von diesen konkreten Fällen schließen Sie dann auf das Allgemeine und verstehen so den Gesamtzusammenhang. Sie vertrauen auf das, was Sie kennen. Neue Lernmethoden oder Lehrwerke betrachten Sie mit Skepsis. Nur wenn sie erwiesenermaßen von großem Nutzen sind, stellen Sie sich um.

Schritt für Schritt

Reinhold Messner gehört als Extrembergsteiger zu den Jumbojettypen. Die höchsten Gipfel erreicht er Schritt für Schritt. Er bringt es selbst auf den Punkt: *„Die Grenze des Machbaren ist nur in kleinen Schritten erreichbar. Je näher ich dieser Grenze komme, umso kleiner müssen die Schritte sein."* Was passiert, wenn ein Jumbojettyp von seiner Philosophie abkommt und sein Vorgehen nicht detailliert plant, zeigt folgende Episode aus seinem Leben: Messner und seine Frau kamen eines Abends bei Regen und Dunkelheit nach Hause. Sie hatten sich von ihrer Burg ausgesperrt. Spontan kletterte Messner die Burgmauer hinauf. Dabei stürzte er ab und zog sich einen Fersenbeinbruch zu, die schlimmste Verletzung seiner Karriere. Er hatte die Schwierigkeit der Mauer und die Nässe nicht bedacht, sondern war kopflos und überhastet geklettert. (www.reinhold-messner.de)

Der Visionär

4. Raumschiff

Sie sind ein Visionär, wenden sich der Zukunft zu. Das Raumschiff fliegen Sie, da Sie das Fremde und Neue reizt. Beim Lernen fällt es Ihnen demzufolge leicht, sich in neue Gebiete einzuarbeiten, sich in ein neues Thema zu stürzen. Sie brauchen die Herausforderung, weshalb Auswendiglernen Sie langweilt. Beim Lernen haben Sie Mut zur Lücke, denn Sie verlassen sich auf Ihr Bauchgefühl. Wichtig ist für Sie der große Zusammenhang, Details vernachlässigen Sie gern. Dafür haben Sie immer den Überblick, den Sie gern visualisieren.

Der berühmte Regisseur und Drehbuchautor Billy Wilder probierte als typischer Raumschiffkapitän gern neue Arbeitsmethoden aus. Außerdem verließ er sich immer auf sein Bauchgefühl. Deshalb begann er mit der Notizbuch-am-Bett-Methode. Er legte das Buch neben sein Bett und schon in der zweiten Nacht fiel ihm der perfekte Plot ein. Vor seinen Augen lief der Film ab, der die Massen ins Kino ziehen würde. Im Halbschlaf notierte er, worum es in dem Film gehen sollte. Am nächsten Morgen erinnerte er sich an nichts, war verzweifelt, bis sein Blick auf das Büchlein fiel. Er schlug es auf und dort stand sein brillanter Einfall: „Boy meets girl". Wilder blieb dennoch neuen Techniken und seinem Bauchgefühl gegenüber aufgeschlossen und schrieb noch unzählige erfolgreiche Drehbücher.

5. Rettungshubschrauber

Sie können bei der Arbeit Ihre Gefühle ausschalten. Jede Ihrer Handlungen ist dann auf das Ziel gerichtet, Leben zu retten. Einen kühlen Kopf behalten Sie auch beim Lernen. Sie schätzen die Prüfungsanforderungen, die Prüfer und Ihren Kenntnisstand realistisch ein. Logisch, kritisch und analytisch erarbeiten Sie sich den Stoff. Dieses wenig emotionale Vorgehen wird Ihnen manchmal als Härte vorgeworfen. Dabei handelt es sich jedoch um Professionalität, die nichts über Sie als Privatperson aussagt.

Einen kühlen Kopf bewahren

Seit dem Altertum wird die angebliche Begegnung zwischen Alexander dem Großen und dem Philosophen Diogenes erzählt. Alexander suchte eines Tages Diogenes auf. Der Philosoph lag gerade in der Sonne, als Alexander mit seinem Gefolge erschien und fragte, ob er etwas für ihn tun könne. Darauf antwortete ihm Diogenes: „Geh mir aus der Sonne!" Mit seiner Logik, Ehrlichkeit, geradezu Taktlosigkeit und Kritikfähigkeit ist Diogenes eindeutig den Rettungsfliegern zuzuordnen.

6. Heißluftballon

Was Sie empfinden, wenn Sie mit Ihrem Ballon in den Sonnenaufgang fliegen, ist unbeschreiblich. Sie sind ein Gefühlsmensch. Ihre Gefühle und die anderer bedeuten Ihnen viel. Deshalb lernen Sie besonders gut, wenn Sie emotional beteiligt sind. Emotionen sind Ihre Stärke! Gefühle zu zeigen raubt Ihnen keine Energie, sondern stärkt Sie. Sie brauchen eine Lernatmosphäre, in der Sie sich wohl fühlen. Dazu gehört, dass Sie von Ihren Mitlernern und Lehrern gemocht werden möchten. Sie zeigen Ihre Sympathie offen und genießen es umgekehrt auch, gelobt zu werden. Es fällt Ihnen leicht, sich in die Lage anderer zu versetzen. Daher sind Sie in Ihrem Denken sehr flexibel, können fremde Argumentationsstrukturen leicht nachvollziehen und betrachten die Dinge aus verschiedenen Blickwinkeln. Es kommt vor, dass Sie überreagieren. In stressigen Lernphasen kann es sein, dass Sie leicht weinen, Ihrem Umfeld hysterisch begegnen oder anders Dampf ablassen.

Emotionen als Stärke

Michael Faraday hatte keine abgeschlossene Grundschulausbildung und stammte aus einer sehr armen Familie. Dafür verfügte er über großes Einfühlungsvermögen. Dies nutzte er, als er sich bei dem welt-berühmten Chemiker Humphry Davy um eine Assistentenstelle bewarb. Er überlegte, worüber Davy sich freuen und was gleichzeitig seine Wertschätzung für den Professor ausdrücken würde. Dann protokollierte er alle Vorlesungen Davys und band sie kunstvoll in Leder. Die Stelle ging an ihn, den gelernten Buchbinder, obwohl er weder über mathematische Kenntnisse verfügte noch Diplome vorweisen konnte. Sein Ruhm als Chemiker und Physiker übertraf bald den von Davy (vgl. Schoen, 2004, S. 33).

Klare Ziele

7. Düsenjet

Genau wie Tom Cruise im Kinohit Top Gun sind Sie sehr ehrgeizig. Sie arbeiten nach dem Motto „Was du heute kannst besorgen, das verschiebe nicht auf morgen". Als Düsenjetpilot fällen Sie wichtige Entscheidungen und übernehmen gern Verantwortung. Auch beim Studieren fühlen Sie sich wohl, nachdem Sie Entscheidungen getroffen haben. Das richtige Timing ist bei einem Jet, der schneller fliegt als der Schall, überlebenswichtig. Zeit ist für Sie daher ein wertvolles Gut und dementsprechend bewusst gehen Sie mit ihr um. Termine und Fristen nehmen Sie sehr ernst. Sie setzen sich klare Ziele und sind ungemein zufrieden, wenn Sie diese erreichen. Ein Projekt abzuschließen, macht Sie glücklich. Sie wissen gern, was Sie in einer Prüfung erwartet, was gefragt wird, wie benotet wird und wie sich die Endnote zusammensetzt.

Dostojewski war als Düsenjetpersönlichkeit immer sehr auf sein Ziel fixiert. Er versank so in seinen Gedanken, dass er völlig mechanisch auf seine Umwelt reagierte. „Eines Tages spricht ihn eine Bettlerin mit zwei Kindern auf der Straße an und erzählt von ihrem kranken Mann zu Hause. Dostojewski gibt ihr gedankenlos 30 Kopeken. Da beginnt die Bettlerin zu schimpfen. Es war seine eigene Frau, die ihren Mann absichtlich einmal nasführen wollte" (Hoffmeister, 1974, S. 116).

Unabhängigkeit als Ziel

8. Sportdrachen

Sie riskieren Ihr Leben für das Gefühl der völligen Freiheit. Für ein erfülltes Dasein brauchen Sie Spaß und Nervenkitzel. So auch in der Prüfungsvorbereitung. Spaß mit Mitlernern, an ungewöhnlichen Arbeitsmethoden oder an einem Thema setzt bei Ihnen enorme

Energien frei. Die Prüfung selbst motiviert Sie weniger als der Weg dorthin. Sie lernen prozessorientiert. Auf Veränderungen wie Terminverschiebungen, Prüferwechsel oder Zwischenfragen reagieren Sie gelassen. Des Weiteren lieben Sie es, sich Wahlmöglichkeiten offenzuhalten.

Viele brasilianische Fußballer in der Bundesliga zeigen deutliche Züge von Drachenfliegern. So kommen einige immer wieder zu spät aus dem Heimaturlaub. Der Freiheitsdrang und der Spaß sind für sie wichtiger als jede Vereinsstrafe. Die Spieler kicken mit Jugendfreunden am Strand, feiern und tanzen mit Familie und Bekannten. Dabei verdrängen sie ihre vertraglichen Pflichten. Inzwischen haben auch die Vereine eingesehen, dass sie auf die Persönlichkeiten eingehen müssen und finden besondere Regelungen für ihre Drachenflieger.

9. Fliegender Teppich

Der Querdenker

Sie provozieren gern und lehnen es ab, in eine Schublade gesteckt zu werden. Ihre Individualität ist Ihnen wichtiger als alles andere. Beim Lernen hinterfragen Sie grundsätzlich den Stoff oder lassen sich überhaupt nicht darauf ein. In Bildungsinstitutionen ecken Sie an. Sie haben Schwierigkeiten mit Ihren Mitlernern, den Dozenten, den Prüfungen oder der Institution an sich. Sie brechen gewohnte Denkstrukturen auf und beleben gelegentlich den Unterricht mit Ihren Beiträgen. Kaufen Sie sich ein Motivationsbuch und verschenken Sie das vorliegende Buch an einen Freund.

Herzlichen Glückwunsch!

Sie haben den ersten Schritt zum Pilotenschein und der weichen Landung geschafft. Sie haben das Flugzeugmodell ermittelt, das auf Ihre Fähigkeiten zugeschnitten ist und mit dem Sie das Fliegen leicht lernen können. Schreiben Sie jeweils die erste Silbe oder den ersten Wortteil Ihres Flugmodells auf die Linie, zum Beispiel: Passagier-Raum-Heißluft-Drachen oder: Passraumheißdra. Sie fliegen also einen

_____ - _____ - _____ - _____

Visualisierungs-
übung Als erste Visualisierungsübung zeichnen Sie jetzt bitte Ihr persönliches Flugobjekt! Bewahren Sie dieses Bild gut auf. Es kann notwendig werden, dass Sie es ab und zu ansehen, denn es verbildlicht Ihre individuelle Lernerpersönlichkeit.

Beispiel

Mögliche Schwachstellen der Flugobjekte

Jedes Flugobjekt hat andere Schwächen und reagiert unterschiedlich auf Luftdruck, Temperatur und verschiedene Wetterlagen. Im Folgenden erfahren Sie, wogegen Ihr Flugobjekt anfällig ist. Diese Schwächen sind unterschiedlich stark ausgeprägt. In den anschließenden Kapiteln werden Sie Techniken und Tricks erlernen, mit denen Sie diese Schwächen ausgleichen können.

Kreuzen Sie im Folgenden die Punkte an, die auf Sie zutreffen.

1. Passagiermaschine

☐ Sie überhören wichtige Tipps oder inhaltliche Punkte.

☐ Sie verlieren Lernzeit, da Sie auch mal vom Thema abschweifen, telefonieren etc. Im Extremfall machen Sie länger Pause, als Sie lernen.

☐ Ihre Gedanken kommen nicht mehr zur Ruhe, da Sie alle Eindrücke von außen so stark aufsaugen. Es rattert in Ihrem Gehirn, bis Sie Migräne bekommen oder innere Unruhe empfinden.

☐ Inaktives Verhalten fällt Ihnen besonders schwer. Stundenlanges Zuhören liegt Ihnen deshalb nicht.

2. Segelflieger

☐ Sie verlieren viel Zeit mit Überlegen und Grübeln vor einer Hausaufgabe oder bei der Auswahl des Klausurthemas.

☐ Sie lesen einen Text zügig, wissen danach jedoch nicht mehr, was drinsteht.

☐ Ihnen ist es unangenehm, wenn der Lehrer Sie spontan aufruft. Es kann vorkommen, dass Sie dann die einfachste Antwort nicht mehr wissen.

☐ Es bringt Sie vom Kurs ab, wenn andere Schlechtes über Prüfer sagen und von ungerechten, viel zu schweren Prüfungsfragen erzählen.

3. Jumbojet

☐ Widersprüche oder auftretende Probleme verdrängen Sie.

☐ Sie gehen beim Lernen weiter, auch wenn Sie etwas nicht ganz verstanden haben. Zum Beispiel beim Lesen eines Textes.

☐ Wenn Sie während eines Referates unterbrochen werden und auf einen zurückliegenden oder folgenden Punkt eingehen sollen, verlieren Sie leicht den Faden. Solche Zwischenfragen bringen Sie aus dem Konzept.

☐ Die Aufgabenstellung in der Klausur verwirrt Sie, wenn Sie Ihr Wissen auf einen neuen Sachverhalt beziehen müssen.

4. Raumschiff

☐ Sie fühlen sich schnell unterfordert, machen Flüchtigkeitsfehler.

☐ Ihnen fehlt Faktenwissen.

☐ Wenn Sie etwas nervt, besteht die Gefahr, dass Sie vor dem Ziel alles hinwerfen.

☐ Sie übersehen eine Aufgabe in der Klausur.

5. Rettungshubschrauber

☐ Sie kommen mit Dozenten nicht gut zurecht, die täglich erzählen, wie es ihnen geht und auch die Lernenden zu ihren Gefühle befragen.

☐ Offengebliebene Fragen und nicht abgeschlossene Themen verursachen Ihnen ein unangenehmes Gefühl.

☐ Manchmal raucht Ihnen der Kopf und Sie bekommen nichts mehr hinein.

☐ Ihre Ehrlichkeit kann in einer mündlichen Prüfung oder einem Referat dazu führen, dass das Publikum den Eindruck hat, Sie wüssten zu wenig.

6. Heißluftballon

☐ Beziehungsstress hält Sie vom Lernen ab.

☐ Sie haben ein schlechtes Gewissen gegenüber Freunden und Verwandten, wenn Sie diese nicht sehen können, weil Sie lernen.

☐ Sie sind vor und zu Beginn einer mündlichen Prüfung sehr aufgeregt.

☐ Ihre Emotionen können in Selbstmitleid münden und Sie lähmen.

☐ Sie verlieren Ihr Ziel aus den Augen, da Sie sich um andere kümmern.

7. Düsenjet

☐ Ihr enger Zeitplan lässt keine Spontanität zu.

☐ Sie leben nur noch für Ihre Prüfungen und vernachlässigen alle anderen Lebensbereiche.

☐ Ihr Perfektionismus kann dazu führen, dass Sie über Ihre eigenen Grenzen gehen (zum Beispiel vergessen Sie zu essen oder leiden unter Schlafmangel).

☐ Sie bekommen Schwierigkeiten, wenn der Lehrer von einem Thema zum anderen springt und Zwischenschritte auslässt.

8. Sportdrachen

☐ Sie geraten vor der Abgabe einer Hausaufgabe unter Zeitdruck.

☐ Sie haben Schwierigkeiten mit der Bürokratie (Einhaltung von Anmeldefristen, Abgabe von Krankschreibungen etc.).

☐ Sie kommen während einer Klausur in Zeitnot.

☐ Ihre Unterlagen sind chaotisch und Sie können nur schwer mit ihnen lernen.

Allgemeine Tipps

1. **Seine Lernerpersönlichkeit kennen und richtig durchstarten.**
2. **Am Ende jedes Kapitels die Tipps für Ihre individuelle Lernerpersönlichkeit lesen.**

2. Biologische Grund-
lagen des Lernens
oder: Kleine
Flugzeugkunde

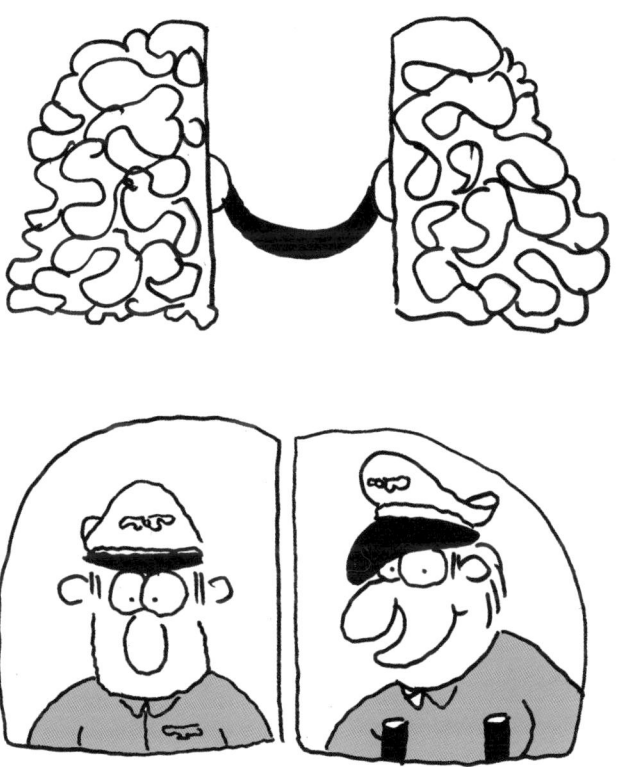

Sie sind kein Flugzeug-Elektriker. Dennoch sollten Sie als Pilot grob die Elektronik in Ihrem Cockpit verstehen. Wofür sind die Schalter da, wie sind sie miteinander verbunden und wie gelangen die Informationen zu Ihnen? Nur dank dieses Wissens können Sie gelassen fliegen und in Notsituationen angemessen reagieren.

Unser Großhirn

Sollten Sie wenig Zeit und das sofortige Bedürfnis nach Tipps und Lerntechniken haben, dann springen Sie direkt zu den Kapiteln 3 und 4. Weshalb die Übungen dort so wirksam sind, erfahren Sie jedoch in diesem Kapitel. Es lohnt sich daher auch, es später noch zu lesen.

Der Schaltkreis in Ihrem Gehirn sieht wie folgt aus: Sie haben ein Großhirn, das aus einer linken und rechten Hälfte besteht. Diese werden als Hemisphären bezeichnet. Zusammen besitzen die beiden ca. 5 Milliarden Nervenzellen. Diese Zellen tauschen ständig Informationen aus. Hier findet ein wesentlicher Teil des Lernens statt. Die Rolle der Schalter spielen die Synapsen. Das sind die Kontaktstellen zwischen den Nerven.

Arbeitsteilung im Großhirn –
Aufgaben im Cockpit

Wie Lernen funktioniert

Sie wollen Ihr Gehirn optimal nutzen? Im Folgenden erfahren Sie, welche Bereiche beim Lernen aktiviert werden und wie sie funktionieren. An die medizinischen Ausführungen schließen sich Tipps und praktische Übungen an.

Die Theorie dient dazu, dass Sie verstehen, was hinter allen Übungen dieses Buches steckt. Erst mit diesem wissenschaftlichen Verständnis werden die Übungen bei Ihnen die volle Wirkung erzielen.

Das Corpus callosum – Ihr wichtigstes Kabel

Die beiden Großhirnhälften sind durch einen Nervenstrang miteinander verbunden, das Corpus callosum. Es entspricht einem dicken Kabel aus 200 Millionen Nervenzellen. Dieses Kabel transportiert Informationen aus der linken in die rechte Hirnhälfte und umgekehrt.

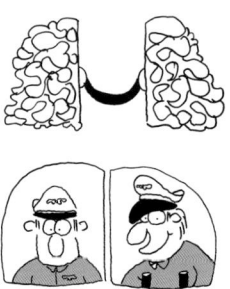

> ■ Ihr wichtigstes Gehirnkabel: das Corpus callosum.

Splitbrain-Patienten

Wie wichtig dieses Kabel für das Lernen ist, wurde in der zweiten Hälfte des 20. Jahrhunderts eher zufällig entdeckt. In den 60er Jahren litten in Amerika einige Menschen an außergewöhnlich starker Epilepsie. Bei einem epileptischen Anfall liegt so etwas wie ein Kurzschluss in einer Gehirnhälfte vor. Dieser löst über das Kabel in der anderen Hälfte einen weiteren Kurzschluss aus. Das schaukelt sich dann hoch bis zum Krampfanfall. Da beide Hälften unabhängig voneinander mit Blut versorgt werden, entschieden sich die Ärzte zur Durchtrennung des Corpus callosums. Die Patienten hatten danach zwar kaum noch Probleme mit Epilepsie, waren jedoch nicht mehr lernfähig. Es war ihnen kaum möglich, auf neue Situationen zu reagieren. In einem Test sahen die Splitbrain-Patienten beispielsweise ein Foto. Darauf waren drei Männer abgebildet. Die Namen dieser Männer sollten gelernt werden. Die Namen mit den Gesichtern zu verbinden, fiel ihnen jedoch enorm schwer. Sie schafften es nur nach langer Übung und mit Hilfen (vgl. Springer/ Deutsch, 1998, S. 33).

Leistung des Kabels

Zahlreiche weitere Tests bestätigten, dass die linke und rechte Gehirnhälfte des Lerners zusammenarbeiten müssen, damit er sich erinnern und Probleme lösen kann. Der Mensch kann nur lernen und kreativ denken, wenn seine Gehirnhälften zusammenarbeiten! Das Corpus callosum ist somit Ihr wichtigstes Kabel. Durch dieses Kabel muss permanent Strom fließen. Fließt der Strom nur schwach, dann stehen Sie wortwörtlich auf dem Schlauch. Fließt überhaupt kein Strom, dann ist das Denken vollständig blockiert (vgl. Kapitel 5: Störungen).

Nur wenn der Strom zwischen den beiden Gehirnhälften fließt, sind Sie aufnahmefähig und können sich Neues gut merken.

Aus diesen Erkenntnissen entwickelte Paul Dennison eine Lernmethode, die er Edu-Kinestetik nennt. Hier trainiert man, Informationen durch das Kabel hin- und herzuschicken nach der Devise: Den Strom fließen lassen! Dabei spielen die rechte und die linke Körperhälfte eine zentrale Rolle. Die rechte Körperhälfte wird von der linken Hirnhälfte gesteuert, die linke Körperseite von der rechten. Deshalb wird das Zusammenspiel der Hirnhälften durch sogenannte Überkreuzübungen gefördert. Dabei bewegt man möglichst viele Körperteile der rechten und linken Seite gleichzeitig. „Für die Wirksamkeit müssen die Bewegungen immer die Mittellinie des Körpers überqueren" (Dennison/Dennison, 2002, S. 13). Diese Koordinationsübungen erhöhen bei Kindern mit Lernstörungen nachweislich die Konzentration und verbessern die Aufnahmefähigkeit. Auch bei Erwachsenen steigern sie nach meinen langjährigen Erfahrungen die Leistung.

Überkreuzübungen

Machen Sie eine Überkreuzübung, wenn Sie beim Lernen ermüden oder sich schlecht konzentrieren können. Auch unmittelbar vor der Prüfung bringt es viel. In den Büchern *BRAIN-GYM* und *Lerngymnastik für Kinder* von Dennison und Ballinger finden Sie eine Vielzahl an Übungen. Der „Schuhplattler" erfüllt ebenfalls diesen Zweck.

Tipp

Übung **Schuhplattler für Einsteiger**
Zuerst berührt die rechte Hand den linken vor dem Körper angezogenen Fuß.
Danach berührt die linke Hand den rechten vor dem Körper angezogenen Fuß.
Wer das kann, macht dasselbe hinter dem Körper.

Varianten: Mit der Hand das Knie berühren oder sich während des „Schuh-plattlers" im Kreis drehen.

Überkreuzübungen machen wach und aufnahmefähig.

Pilot und Copilot – Aufgabenteilung

Neben dem Kabel beeinflussen die beiden Großhirnhälften den Lernprozess am stärksten. Ihre Funktionen ermittelte Roger Sperry mittels umfangreicher Testreihen mit den Splitbrain-Patienten. Dafür erhielt er 1981 den Nobelpreis der Medizin. Er fand heraus, dass sich die beiden Hälften die anfallenden Aufgaben teilen.

Die beiden Gehirnhälften teilen sich die anfallenden Aufgaben.

Erforschung der Erste Hinweise für diese Aufgabenteilung gab es schon viel früher.
Arbeitsteilung So beschreibt bereits 1745 ein Mediziner folgendes Krankenbild:

„…[der Patient] litte einen Anfall einer schweren Krankheit, die zur Lähmung der gesamten rechten Körperhälfte und zu einem vollständigen Verlust der Sprache führte. Er kann bestimmte Kirchenlieder, die er vor seiner Erkrankung gelernt hat, so klar und deutlich singen wie *jede gesunde Person…. Dennoch ist dieser Mann stumm, kann außer einem einzigen Wort „Ja" nichts sagen und muß sich mit Handzeichen verständlich machen" (Springer/Deutsch, 1998, S. 14).*

Heute weiß man, dass Musik von der rechten Gehirnhälfte verarbeitet wird, Sprache größtenteils von der linken. Auch sieht man an diesem Fall, dass die linke Gehirnhälfte die rechte Körperhälfte steuert. Im Nachhinein können wir mit Sicherheit sagen, dass die linke Gehirnhälfte des Mannes schwer geschädigt war.

Nach Sperrys Auswertungen wurde diese Aufgabenteilung auch durch den Wada-Test bestätigt. Juhn Wada hat den Test entwickelt, um auf sanftem Weg herauszufinden, welche Aufgaben die einzelnen Gehirnhälften übernehmen. Dabei wird eine Kanüle in die rechte oder linke Halsschlagader eingeführt und eine Art Schlafmittel gespritzt. Auf diese Weise wird die dazugehörige Gehirnhälfte betäubt, während die andere weiterhin voll funktioniert. So wird ermittelt, welche Aufgaben jede Hälfte bewältigt (vgl. Springer/Deutsch, 1998, S. 18). **Wada-Test**

Die linke Hirnhälfte bewältigt die analytischen und logischen Aufgaben. Dabei geht sie schrittweise vor. Die rechte Hirnhälfte hingegen arbeitet ganzheitlich und hat kein Zeitgefühl (vgl. Edwards, 2007, S. 74). Sie verarbeitet Bilder, Emotionen und ist für Rhythmus und Musikalität zuständig. Im Gegensatz zur linken Gehirnhälfte verarbeitet sie nicht die Details, sondern sorgt für den Überblick (vgl. Kirckhoff, 2004, S. 104). **Funktionen der beiden Gehirnhälften**

Damit Sie sich die Funktionen der beiden Hälften besser merken können, teilen wir die Aufgaben dem Piloten und seinem Copiloten zu. Wenn das Cockpit das Großhirn darstellt, dann verkörpert der Pilot die linke Gehirnhälfte. Er sitzt schließlich links. Der Pilot achtet sehr genau auf die Flugzeit. Er denkt logisch, plant den Flug sehr strukturiert und achtet auf jedes Detail. Die Sprache nutzt er, um sich mit seiner Crew zu verständigen und die Fluggäste zu begrüßen. **Pilot**

Der Pilot arbeitet mit der Sprache und ist ein analytischer Typ.

Copilot Rechts sitzt der Copilot. Er erfüllt demzufolge die Aufgaben der rechten Gehirnhälfte. Er ermittelt die genaue Position des Flugzeugs und überwacht das System. Dazu hat er die visuellen Anzeigen ständig im Blick, denn ihn faszinieren alle bildlichen Eindrücke. Auch früher war der Copilot für das Visuelle zuständig. Damals betrachtete er bei Nachtflügen den Sternenhimmel durch ein Glasdach im Cockpit. Mithilfe seines Sextanten bestimmte er dann die genaue Position des Flugzeugs. Außerdem ist der Copilot sehr emotional, da er noch nicht so oft geflogen ist wie der Pilot. Beim freien Blick in den Sonnenuntergang bekommt er glänzende Augen. Seine Begeisterung kann er schwer unterdrücken. Ohne dass er es merkt, summt, singt und pfeift er den größten Teil des Fluges.

Der Copilot ist ein visueller und musikalischer Typ.

Links	Rechts
analytisch	ganzheitlich
logisch	visuell
schrittweise	Emotionen
Detailwissen	Rhythmus
Zeitgefühl, Fristen	Musik
Sprache	Überblick

Wie sind die Aufgaben verteilt?

Das können Sie an sich selbst beobachten. Erinnern Sie sich an eine Situation, in der Sie jemandem von einem Film erzählen wollten und Ihnen der Name des Hauptdarstellers nicht einfiel. Sie mögen den Darsteller. Wieso fiel Ihnen der Name trotzdem nicht ein?

Übung

Füllen Sie die Lücken aus. Blättern Sie noch einmal zurück, falls Sie sich nicht mehr an die Funktionen erinnern können.

Die rechte Gehirnhälfte erinnert sich an _____ und

_____ des Schauspielers. Da er zu Ihren Lieblingsschau-

spielern zählt, sind auch _____ beteiligt.

Die linke Gehirnhälfte liefert jedoch den _____ nicht.

Der Austausch der beiden Gehirnhälften über das _____

funktioniert nicht.

Die Lösungen finden Sie im Lösungsteil (Seite 177).

Wann wird Ihnen der Name einfallen? Typische Momente sind beim Zähneputzen, kurz vor dem Einschlafen und beim Auto- oder Fahrradfahren. In den seltensten Fällen werden Sie sich beim angestrengten Nachdenken und Grübeln an den Namen des Schauspielers erinnern.

Die Gehirnhälften arbeiten zusammen, wenn der Gehirnbesitzer die Kontrolle abgibt.

Zur Erinnerung kommt es offensichtlich, wenn Sie loslassen und sich nicht darauf konzentrieren. Die Zusammenarbeit beider Hälften wird tatsächlich dadurch unterstützt, dass sie in Ruhe gelassen werden.

Tipp Insofern können Sie die Arbeit also doch steuern, und zwar, indem Sie sich mit etwas anderem beschäftigen. Eine weitere Möglichkeit, sich an etwas zu erinnern, besteht darin, Ihr Wissensnetz in diesem Bereich zu aktivieren (vgl. Kapitel 3).

Das Rätsel des Gehirns

Anpassungsfähig-keit des Gehirns Bemerkenswert ist, dass die Aufgabenteilung der Hemisphären nicht starr ist. Bei Kleinkindern mit einem Gehirntumor, denen eine komplette Gehirnhälfte entfernt werden musste, werden alle Funktionen von der verbleibenden Hälfte übernommen. Diese Kinder leben später ohne Einschränkungen. Weder geistiger noch körperlicher Art (vgl. Springer/Deutsch, 1998, S. 223). Diese Anpassungsfähigkeit unseres Gehirns hat auch vielen Erwachsenen schon das Leben wieder lebenswert gemacht. So können Schlaganfallpatienten, bei denen einige Hirnpartien beschädigt sind, bestimmte Fähigkeiten wieder neu erwerben. Sie werden dann von einer anderen Gehirnregion erlernt und ausgeführt.

Ganz genau ist das Rätsel des Gehirns noch nicht gelöst. Man weiß jedoch mittlerweile, was das Lernen und die Kreativität fördert und was sie behindert. Auf Knopfdruck kann man einen Geistesblitz allerdings noch nicht herbeiführen.

Tipp Eine gute Zusammenarbeit von Pilot und Copilot ist die Voraussetzung für einen reibungslosen Flug. Genauso sollten auch beim Lernen immer beide Gehirnhälften beansprucht werden. Versuchen Sie, beide Gehirnhälften gleich stark zu nutzen. Fördern Sie die Zusammenarbeit von Pilot und Copilot.

Machen Sie aus Pilot und Copilot ein Team!

Unsere Gesellschaft und unser Ausbildungssystem fördern besonders die Tätigkeit der linken Gehirnhälfte. Wir analysieren, organisieren, berechnen, werten Daten aus, schreiben Protokolle, E-Mails und Mahnungen, erstellen Tabellen und halten Fristen ein.

Kinder benutzen noch beide Hemisphären und Kleinkinder nutzen sogar verstärkt die rechte Gehirnhälfte. Sie verbringen einen Großteil des Tages in Tagträumen und Phantasiewelten. Kaum ein Erwachsener schafft es, so viele Informationen an einem Tag aufzunehmen wie Kleinkinder. Sie lernen die Sprache und erfassen ihre Umwelt. Einige Kinder lernen sogar zwei Sprachen gleichzeitig. Wollen wir effizient lernen, müssen wir nur das natürliche Verhalten von Kleinkindern kopieren und uns eventuell auch über Konventionen hinwegsetzen. Ein Nebeneffekt ist, dass wir uns dabei auch noch wohl fühlen – oder haben Sie schon Kleinkinder mit Prüfungsangst gesehen?

Rentner, Adenauer & Co

Unbewusst sucht sich der Mensch Freizeitaktivitäten für die Gehirnhälfte, die tagsüber weniger genutzt wird. Warum lösen Rentner beispielsweise so gern Rätsel und Sudokus? Weil sie ihre linke Gehirnhälfte kaum noch beanspruchen, ihr Leben durch Routine geprägt ist. Warum haben viele Physiker eine Affinität zur Musik? Warum waren Adenauer und de Gaulle passionierte Rosenzüchter? Aber auch andersherum wird der Ausgleich gesucht. Wer tagsüber wenig organisieren und logisch denken muss, spielt in der Freizeit möglicherweise hervorragend Skat oder Schach.

Tipp

Achten Sie darauf, dass Sie in Ihrer Freizeit Ihre wenig beanspruchte Gehirnhälfte fordern! In unserer Gesellschaft ist das meistens die rechte Hemisphäre. Einige typisch rechtshirnige Tätigkeiten sind: Musik hören, singen, Bilder betrachten, malen und meditieren. Der Ausgleich kann auch durch Aktivitäten herbeigeführt werden, bei denen beide Hälften genutzt werden. Vielleicht ist Ihnen auch schon einmal aufgefallen, dass sehr gute Schüler entweder musizieren oder sehr sportlich sind?

Übung

Mit welchen Tätigkeiten schaffen Sie in Ihrem Gehirn einen Ausgleich? Notieren Sie hier Ihre Top 3:

1. _____   2. _____

3. _____

Synapsen, Transmitter und Hirnfrequenzen –
Die Bordelektronik

Wie das Großhirn grob funktioniert, wissen Sie bereits. Um es bei seiner Arbeit zu unterstützen, lohnt es sich, auch die Details zu kennen. Im Folgenden erfahren Sie, weshalb Wassertrinken beim Lernen so wichtig ist und weshalb die Gehirnströme eine so große Rolle beim Denken spielen. Wie Sie Ihre Gehirnströme bewusst verändern können, entnehmen Sie den individuellen Tipps.

Die Kraft des Wassers

Es gibt noch einen weiteren Trick, mit dem Sie Ihr Gehirn bei der Arbeit unterstützen können: das Wassertrinken. Denn auch davon hängt ab, wie die Informationen von einer Nervenzelle zur nächsten übertragen werden.

Wasser ist die Quelle des Lebens und des Prüfungserfolges.

Medizinische Erklärung

Eine Information kommt als elektrischer Impuls an der Synapse an und wird dort in einen chemischen Stoff umgewandelt. Anschließend wird dieser Stoff in ein Transmitterbläschen eingeschlossen. Diese Bläschen bestehen zum Großteil aus Wasser. Sie treiben zur Zellwand, zerplatzen dort und geben den chemischen Stoff durch die halbdurchlässige Zellwand in den Zellspalt ab. Ihre Rolle wurde bislang wenig beachtet. Zu Unrecht. Wenn es diese kleinen Wasserbläschen nicht gäbe, könnten keine Informationen im Gehirn transportiert werden. Durch den Spalt gelangen sie zur nächsten Nervenzelle, deren Wand sie wiederum durchqueren. In der neuen Nervenzelle läuft der Vorgang umgekehrt ab. Der chemische Stoff wird in einen elektrischen Impuls umgewandelt und wandert weiter zur nächsten Nervenzelle.

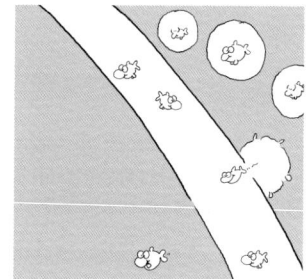

Transmitterbläschen halten das Denken im Fluss.

Wird dieser Vorgang einmal unterbrochen, können keine Informationen weitergeleitet werden. Das passiert bei einem Blackout, denn das ist ein momentaner Stopp der Informationsübermittlung. Dafür gibt es verschiedene Ursachen. Eine besteht in der „Erschöpfung des Vorrats an [Transmitterbläschen] Überträgerstoffvesikeln" (Schmidt/Thews, 1995, S. 57).

Tipp

Unterstützen Sie deshalb den Informationsfluss zwischen Ihren Synapsen, indem Sie ausreichend Flüssigkeit zu sich nehmen. So steht immer frisches Wasser zur Verfügung, damit Transmitterbläschen gebildet werden können. Eine Wasserflasche am Schreibtisch oder der regelmäßige Gang in die Küche haben sich sehr bewährt.

Das Sauna-Experiment

Die denkfördernde Wirkung von Wasser wurde bereits wissenschaftlich erforscht. Dazu wurde am Psychiatrischen Institut der Universitätsklinik Erlangen/Nürnberg eine Studie durchgeführt. Testpersonen machten einen Saunagang. Ihr Intelligenzquotient wurde sowohl davor als auch danach ermittelt. Die Werte schwankten erheblich. Nach dem starken Wasserverlust sank der IQ im Schnitt um 10 bis 15 Punkte (Ärztliche Praxis, 2001, Nr. 89, S. 4).

Diese Ergebnisse fließen auch in Quiz-Shows ein. So steht neben den Gästen meistens ein Glas Wasser. Vor kniffligen Fragen trinken viele Kandidaten unbewusst einen Schluck, obwohl sie vielleicht noch nie etwas von Transmitterbläschen gehört haben.

Ausblick

Sie erfahren im Kapitel 3, wie Sie den Informationsfluss noch unterstützen können. Im Kapitel 5 lernen Sie weitere Strategien kennen, um Blackouts zu vermeiden.

Hirnfrequenzen – Gehirnströme

Der Lernvorgang besteht in der Regel aus zwei Schritten. Zuerst wird das Neue verstanden und dann wird es verinnerlicht. Die Gehirnforschung hat herausgefunden, dass das Gehirn dabei auf unterschiedlicher Frequenz läuft. Bei der Neuaufnahme von Informationen steigt die Frequenz und bei der Verinnerlichung fällt sie.

Medizinische Fakten 1929 machte die Gehirnforschung einen wichtigen Schritt: Der Psychiater Hans Berger veröffentlichte das Elektroenzephalogramm des Menschen. Er hatte herausgefunden, dass Elektroden auf der Kopfhaut die elektrische Aktivität des Gehirns messen konnten. Vier Frequenzbereiche werden heute unterschieden (vgl. Kirckhoff, 2004, S.109): Delta-, Theta-, Alpha- und Beta-Wellen.

Delta-Wellen (0,5–4 Hz) zeigen den traumlosen Tiefschlaf an. Sie werden außerdem bei Tiefenhypnose und Trance gemessen. Theta-Wellen (5–7 Hz) sendet unser Gehirn beim Einschlafen, wenn es die Eindrücke des Tages verarbeitet. Bei Alpha-Wellen (8–14 Hz) befindet man sich im entspannten Wachzustand. Im unteren Alphabereich hat man Tagträume oder ist kurz vor dem Einschlafen. Bei Beta Wellen (15–30 Hz) ist man aufmerksam. Dieser Wachzustand reicht von Konzentration über Gespanntheit bis zu Unruhe.

> **Informationen werden im Gehirn einsortiert und abgespeichert, wenn es auf mittlerer bis niederer Frequenz läuft.**

Suggestopädie Diese Tatsache nutzt die Suggestopädie. Bei dieser Lernmethode werden beispielsweise neue Vokabeln gelernt, indem sich der Lernende in den Alpha-Zustand versetzt. Dies geschieht mithilfe von Musik. Doch nicht jede Musik ist dafür geeignet. Nur solche Stücke versetzen Sie in den Alpha-Zustand, deren Wellenlänge dem des Alphabereichs entspricht. Deshalb ist Barockmusik besonders gut geeignet. Bei Vivaldi und Bach produziert Ihr Gehirn durch die 60 Schläge pro Minute automatisch Alpha-Wellen. Auch sämtliche Formen von Meditationsmusik beruhigen Ihre grauen Zellen. Während der Lerner die Musik hört, eine entspannte Haltung einnimmt und womöglich die Augen schließt, nennt der Lehrende die neuen Vokabeln und wiederholt sie mit der Übersetzung. Auch der Einsatz von selbst besprochenen Kassetten ist möglich. Ludger Schiffler (1989) hat in mehreren Langzeituntersuchungen die Wirksamkeit des suggestopädischen Lehrerverhaltens nachgewiesen.

Woran liegt es, dass viele von der Methode noch nie gehört oder sie noch nie angewandt haben? Die Suggestopädie konnte sich zum einen nicht durchsetzen, weil sie nur für das Verinnerlichen geeignet ist. Sobald Sie etwas mit dem Verstand durchdringen wollen, sind Beta-Wellen nötig. Zum anderen lässt sich nicht jeder Lerner gern auf Musik und vorgeschriebene Entspannung ein. Das Prinzip der Suggestopädie hilft dennoch allen Lernerpersönlichkeiten entscheidend dabei, ihr Gehirn optimal zu nutzen. Sie können das jedoch auch ohne Musik und esoterischen Beigeschmack erreichen.

Mögliche Einwände

Passen Sie Ihre Gehirnfrequenzen bewusst den unterschiedlichen Anforderungen an. Beim Auswendiglernen fahren Sie Ihre Gehirntätigkeit auf Alpha-Wellen herunter. Zum Verstehen halten Sie Ihr Gehirn im Betabereich.

Alpha-Zustand = Aufnahme-Zustand.

Hinsichtlich des Alpha-Zustands ist nur ein einziges Merkmal Ihrer Lernerpersönlichkeit prägend. Jede Lernerpersönlichkeit setzt sich aus vier Komponenten zusammen, daher ist jeder entweder Segel- oder Passagierflieger. Wie Sie am leichtesten Alpha-Wellen produzieren, hängt davon ab, ob Sie eher zu den Passagier- oder Segelfliegern gehören. Deshalb gibt es im Folgenden ausnahmsweise nur Tipps für diese beiden Flugobjekte.

Individuelle Tipps für den Alpha-Zustand

Passagiermaschine
musizieren, künstlerisch gestalten, Mandalas malen, Yoga

Segelflieger
Musik hören, Kunst oder Mandalas betrachten, ohne Zweck in die Natur gehen und sich eins mit ihr fühlen (fünf Minuten ins Gras legen und in den Himmel schauen), Tagträumen (bzw. Katathymes Bildererleben nach Hanscarl Leuner).

Allgemeine Tipps

> 1. Sich die Rolle der Transmitterbläschen bewusst machen.
> 2. Viel Wasser trinken!
> 3. Informationen im Alpha-Zustand abspeichern.
> 4. Sich mit zweckfreien Tätigkeiten in den Alpha-Zustand versetzen. Lassen Sie die Seele baumeln!

Pausen und Schlaf – Der Autopilot

Ruhe ist notwendig

Bisher erfuhren Sie, wie Sie Ihr Gehirn bei seiner Aktivität unterstützen können. Genauso wichtig wie die Aktivität sind jedoch auch die Phasen der Inaktivität. Ein Pilot fliegt auch nicht 24 Stunden nonstop. Er schaltet regelmäßig den Autopiloten ein oder wird von einem Kollegen abgelöst. Dasselbe gilt für Ihr Gehirn. Es sollte nicht ständig auf Hochtouren laufen!

Zur effizienten Vorbereitung gehören Pausen und Schlaf. In diesen Ruhephasen sortiert Ihr Unterbewusstsein das Wissen ins Gehirn ein. Wie bei einem Puzzle werden die einzelnen Details zum großen Gesamtbild zusammengefügt.

Ausgehend von drei Praxisbeispielen werden Sie in die Ruhe-Geheimnisse erfolgreicher Piloten eingeweiht. Sie erfahren außerdem, welcher Zeittakt Ihr Denken maßgeblich beeinflusst. Dieser Takt legt fest, wann und wie lange Sie Pausen einlegen und schlafen sollten.

Dreimal „sehr gut"

Mehrere Gehirnnutzer – Verschiedene Lernstrategien

Seit Jahren führe ich Interviews zum Thema Lernen. Nachhaltig beeindruckt haben mich die Gespräche mit drei Juristen, die alle ihr erstes Examen mit „sehr gut" bestanden haben. Jeder hatte ganz unterschiedlich gelernt: Simone beschrieb 5000 (!) Karteikarten und lernte sie auswendig. Christian schrieb jeden Tag eine Übungsklausur und lernte nichts auswendig. Felix lernte vor allem mit Büchern und als einziger ohne bezahlten Repetitor. Auch arbeiteten sie zu unterschiedlichen Zeiten: Während Simone täglich um Punkt 18 Uhr die Bibliothek verließ, lernte Christian bis nachts um 2 Uhr. Sie entspannten unterschiedlich, hatten unterschiedliche Essgewohnheiten und lernten mit verschiedenen Materialien.

Gemeinsamkeiten erfolgreicher Piloten

Durch diese Interviews wurde deutlich, dass die Lernerpersönlichkeit eine zentrale Rolle spielt. Jeder Mensch lernt anders. Es geht also darum, jeden seinen individuellen Weg finden zu lassen. Die drei hatten ihn für sich gefunden.

Trotzdem stellten sich drei Gemeinsamkeiten heraus. Erstens nahm keiner der drei Juristen mehr als sieben Stunden lang neue Informationen auf.

Das Großhirn hat täglich sieben Stunden für neue Informationen geöffnet.

Martin Schuster (vgl. Schuster/Metzig, 2006, S. 29) empfiehlt, man solle maximal acht Stunden pro Tag lernen. Sie können also zu den sieben Stunden noch eine Stunde mit Wiederholungen und Organisation (Karteikarten beschreiben, Texte kopieren, erreichte Ziele abhaken) einplanen.

Außerdem schliefen die drei Jurastudenten viel, durchschnittlich 8½ Stunden. Das zeigten auch zahlreiche Interviews mit anderen erfolgreichen Lernern. Alle schliefen ausreichend und keiner zeigte Anzeichen von Übermüdung.

Nur wer ausreichend schläft, ist zu Höchstleistungen fähig.

Die dritte Gemeinsamkeit betraf die Pausenzeiten. Sie machten zwar unterschiedlich lange Pausen, jedoch immer nach ungefähr 90 Minuten. Das Gehirn scheint eine eingebaute Uhr zu haben, denn überall begegnet einem dieser Takt. Ihm sollten Sie sich als Nutzer anpassen. Unser Denken wird sowohl im Schlaf als auch im

Wachzustand vom 90-Minuten-Takt bestimmt. Achten Sie einmal darauf, wo diese Dauer in Ihrem Privat- und Berufsleben auftaucht. Ob Vorlesung, Konzert, Siesta, Yogastunde, Theater- oder Filmvorführung – immer sind es Einheiten von 90 Minuten. Die Doppelstunde setzt sich langsam auch an den Schulen durch und löst den herkömmlichen 45-Minuten-Takt ab.

Von der Konferenz zum Kasperletheater
Sie kennen vielleicht die Stimmung auf Konferenzen oder Versammlungen, wenn die 90 Minuten überschritten wurden? Plötzlich fangen Teilnehmer an zu schwatzen, einzelne machen alberne oder anzügliche Bemerkungen und andere lachen lauthals. Das Publikum wird kindisch, aggressiv oder zumindest unruhig. Das sind eindeutige Zeichen dafür, dass die Gehirnzeit überschritten wurde.

> **Der Zeittakt des Gehirns beträgt 90 Minuten.**

Der 90-Minuten-Takt
Beim Lernen drehen sich nach 90 Minuten die Gedanken im Kreis. Sie brauchen für Aufgaben dreimal so lange wie im ausgeruhten Zustand. Auf neue Lösungen kommen Sie nur noch selten. Das liegt an den Nervenbahnen. Sie haben 90 Minuten lang dieselben synaptischen Übertragungswege genutzt. Im Gehirn hinterlässt das eine Spur, von der Sie kaum abweichen können. Demzufolge können Sie nur schwer etwas Neues denken. Dieses Phänomen wird auch als Interferenz (vgl. Vester, 2007, S. 198) und synaptische Depression (vgl. Schmidt/Thews, 1995, S. 57) bezeichnet.

Wenn ein Esel jeden Tag den gleichen Weg gehen muss, ist es fast unmöglich, ihn in die entgegengesetzte Richtung zu treiben. Sie werden es nur mit Ziehen und Zerren schaffen. So stur wird Ihr Denken nach 90 Minuten! Je öfter der Esel den gleichen Weg am Tag geht, desto schwieriger wird es, ihn neue Wege gehen zu lassen. Gehen Sie jeweils nach 90 Minuten einen neuen Weg, dann bleiben Ihre Gedanken flexibel.

Pause oder Themenwechsel nach 90 Minuten!

In der Literatur schwanken die Angaben zu den Pausenzeiten leicht. Das liegt daran, dass die Menschen unterschiedlich viel Zeit brauchen, bis sie mit dem Lernen anfangen. Einige stauben noch kurz den Bildschirm ab, leeren den Locher und sortieren Kulis aus. Diese Zeit zählt nicht zu der Gehirneinheit von 90 Minuten!

Abweichungen von der Literatur

Die meistgestellte Frage in diesem Teil meines Seminars lautet ungefähr so: „Ich habe drei Klausuren in einer Woche. Kann ich gleichzeitig für die verschiedenen Themen lernen oder soll ich eine Klausur nach der anderen vorbereiten?"

Drei Klausuren parallel vorbereiten?

Das Kurzzeitgedächtnis kann sehr gut zwei bis drei Themen verarbeiten. Insofern können Sie sich jeden Tag mit zwei bis drei Themen, Fächern oder Fachgebieten beschäftigen. Wie Sie oben erfahren haben, vermeiden Sie auf diese Weise automatisch die Interferenzen. Ihr Gehirn bleibt flexibel und aufnahmefähig.

Pausen – auf Autopilot schalten
Eine der genialsten Erfindungen in der Fliegerei ist der Autopilot. Piloten schalten ihn ein, um sich eine Pause zu gönnen, und er hält sie dabei auf dem richtigen Kurs.

Was passiert im Gehirn, wenn Sie eine Pause machen? Sie ändern die Frequenz und nutzen andere Nervenbahnen. Ihr Unterbewusstsein arbeitet für Sie, kommt auf Lösungen und speichert Wissen ab. Die rechte Gehirnhälfte ordnet die Detailinformationen der linken Gehirnhälfte in das Wissensnetz ein. Carl Friedrich von Weizsäcker formulierte dieses Phänomen so: „Ganz neue Zusammenhänge entdeckt nicht das Auge, das über ein Werkstück gebeugt ist, sondern das Auge, das in Muße den Horizont absucht" (Knischek, 2007, S. 91).

Eine andere Frequenz

Wer regelmäßig auf Autopilot schaltet, kommt zu den besten Ergebnissen.

Auch Schiller bediente sich häufig seines Autopiloten: „Als er einst gefragt wurde, *‚ob ihm nicht die Gedanken ausgingen, wenn er so die ganze Nacht dichte‘*, antwortete er: *‚Schaun's, wenn die Gedanken ausgeh'n, da mal' ich Rössel.‘* In seinen Manuskripten sind auch wirklich ganze Seiten, auf welchen er nichts als kleine Pferde und Männlein gekritzelt hat" (Hoffmeister, 1974, S. 177).

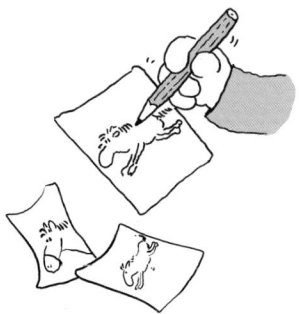

Wann und wie lange? Nicht nur nach 90 Minuten! Es gibt feste Zeiten für den Autopiloten. Pausen sollten Sie einlegen nach: 10–15 Minuten, 30–45 Minuten und 90 Minuten. Dabei wird der Autopilot unterschiedlich lange eingesetzt. Es können vier Pausentypen unterschieden werden: die Unterbrechung, die Minipause, die Kaffeepause und die Erholungspause (vgl. Rückriem/Stary/Franck, 1997, S. 33).

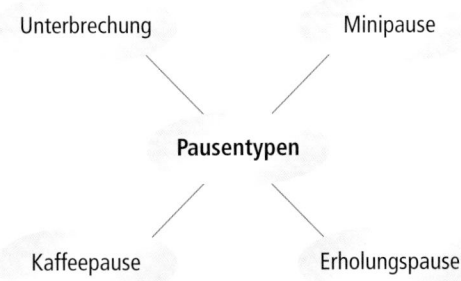

Die erste Pause sollte 1–2 Minuten dauern, die zweite 5 Minuten und die dritte 15–20 Minuten. Nach drei bis vier Stunden sollten Sie sich mindestens eine Stunde lang erholen.

Wieso dürfen Sie schon nach 10 – 15 Minuten das Lernen unterbrechen? Wenn Sie einen neuen Text lesen, dann baut sich in den ersten zehn bis fünfzehn Minuten ein Spannungsbogen in Ihnen auf. In dieser Zeit nehmen Sie so viele Informationen auf, dass sich ein Bild in Ihrem Kopf formt. Ihr Gehirn wird neugierig und möchte das Bild vervollständigen. Diese Neugier nutzen Drehbuch- und Bestsellerautoren aus. In regelmäßigen Abständen bringen Sie ein neues Spannungselement ein. So empfiehlt es auch Sol Stein in seinem Leitfaden *Über das Schreiben* (vgl. Stein, 2005, S. 156). Dadurch wird der Leser im Bann gehalten und kann das Buch nicht aus der Hand legen.

Hintergrund zu Pausenzeiten

Dieses Phänomen erfasste der Psychologe Kurt Lewin mit seiner Feldtheorie. Demnach ist die innere Spannung eines Menschen durch die ungelöste Aufgabe so groß, dass es ihm ein Bedürfnis ist, die Aufgabe zu lösen. Aufgabe steht hier für vieles, zum Beispiel auch für das Weiterlesen eines Textes.

Der Lewinsche Spannungsaufbau

Nachdem Sie mit dem Lernen begonnen haben, baut sich also eine innere Spannung auf. Nach durchschnittlich 12 Minuten, ist sie so groß, dass Sie sich eine kurze Pause gönnen können. Während Sie Ihren Hund streicheln oder den Himmel betrachten, sortiert Ihr Unterbewusstsein die ersten Informationen ein. Anschließend fahren Sie automatisch mit dem Lesen fort. Machen Sie die Pause zu früh, dann ist die Spannung zu klein und Ihnen wird etwas anderes einfallen, das Sie unbedingt sofort erledigen müssen.

Erste Mini-Pause nach 10 – 15 Minuten.

Die ersten Minuten sind folglich die unangenehmsten beim Lernen, weil sich die Spannung erst aufbauen muss. Doch bedenken Sie: Es sind nur einige Minuten! Sollten Sie sich nicht in Stimmung zum Lernen fühlen, dann denken Sie an den Lewinschen Spannungsbogen. Sie werden erst in Stimmung zum Lernen kommen, sobald Sie sich einige Minuten mit dem Stoff beschäftigt haben. Es bringt deshalb nichts, auf die Lernstimmung zu warten. Fangen Sie einfach an!

In der Regel sorgt Ihre innere Anspannung, die Folge eines kleinen Hormoncocktails, dafür, dass Sie ungefähr die letzten beiden Wochen vor der Prüfung noch leistungsfähiger sind. Außerdem nimmt das Bedürfnis nach Pausen mit zunehmendem Wissen ab. Das heißt, wenn Sie vier Wochen lang für eine Prüfung lernen, wird Ihr Pausenbedürfnis in der vierten Woche am geringsten sein. Das liegt daran, dass am Anfang noch Vieles neu für Sie ist.

Selbstverständlich gilt für Piloten: kein Alkohol im Dienst und absolutes Verbot, Marihuana, Haschisch oder härtere Drogen zu konsumieren.

Was Sie in Ihren Pausen nicht tun sollten

Am häufigsten werde ich auf die entspannende Wirkung von Joints angesprochen. Es ist jedoch auch erwiesen, dass regelmäßiges Kiffen nicht nur die Konzentrationsfähigkeit senkt, sondern sich auch negativ auf die kognitiven Fähigkeiten auswirkt. Das heißt, dass das Verstehen und Erkennen beeinträchtigt werden (vgl. Uchtenhagen/Zieglgänsberger, 1999, S. 80). Aus diesem Grund sollten Sie während längerer Lernphasen eventuelle Gewohnheiten dieser Art einstellen. Suchen Sie sich andere Formen der Selbstbelohnung. Tipps hierfür erhalten Sie im Kapitel 3.

**Sich durch Kiffen Stress ersparen,
heißt auch, Gedächtnis runterfahren.**

Schlaf – Maximale Flugdauer
Die Arbeitsvorschriften für Piloten legen eine Höchstzahl an hintereinanderliegenden Flugstunden fest. Das Besondere bei den Airlines ist, dass sie die festgelegte maximale Flugdauer meistens sogar unterbieten! Hieran können Sie erahnen, wie wichtig die Pausen für einen Piloten sind.

Schlafmangel führt je nach Stärke und Zeitraum zu Konzentrationsschwäche, schwachen Nerven (Reizbarkeit, erhöhte Sensibilität, etc.), Fressattacken, Kopfschmerzen, Appetitlosigkeit, Migräne oder einer Schwächung des Immunsystems. Schlafmangel als Dauerzustand schwächt Ihr inneres Kind. „Wenn sich Ihr inneres Kind verirrt, dann werden Drogen, Trinken, Sex oder Essen nicht weiterhelfen" (Adams, 1999, S. 20).

Der Schlafforscher William C. Dement von der Stanford University fand heraus, dass bei vielen Unglücken, deren Ursache in den Medien als menschliches Versagen bezeichnet wird, Schlafmangel der eigentliche Grund ist. Bei seinen Recherchen stieß er unter anderem auf den 1989 auf Grund gelaufenen Öltanker „Exxon Valdez": „Im Schlussbericht kam der National Transportation Safety Board zu der Erkenntnis, daß Schlafmangel und Schlafschulden die unmittelbaren Ursachen des Unfalls waren". Unter „Schlafschulden" versteht Dement angehäuften Schlafmangel. Er rechnet mit Schlaf wie mit Geld. Wer zu wenig schläft, macht Schlafschulden. (Dement / Vaughan, 2002, S. 55ff.). Allein im Straßenverkehr sterben jedes Jahr viele Menschen, weil sie oder andere Fahrer am Steuer einschlafen.

Wer ausreichend schläft, vermeidet einen Flugzeugabsturz.

Wenn Sie die Prüfungsphase nervlich und körperlich gut überstehen wollen, schlafen Sie genügend! Schlafen Sie Ihrem individuellen Schlafbedürfnis entsprechend. Eine komplette Schlafphase von einem tiefenerholsamen REM-Schlaf bis zum nächsten dauert bei Erwachsenen 90 Minuten (vgl. Dement/Vaughan, 2002, S. 108). REM steht für *Rapid Eye Movement*, da diese Schlafphase durch schnelle Augenbewegungen gekennzeichnet ist.

Schlafen Sie ein Vielfaches von 1½ Stunden, also 6, 7½ oder 9 Stunden.

Stellen Sie den Wecker mitten in eine Tiefschlafphase, dann fühlen Sie sich gerädert und brauchen viel Kaffee oder eine kalte Dusche zum Wachwerden. Testen Sie, wie lange Ihre Schlafphase dauert und stellen Sie Ihren Wecker dementsprechend. Finden Sie außerdem heraus, wie viel Schlaf Sie insgesamt brauchen, um hoch konzentriert und aufnahmefähig zu sein. Dement und Vaughan (2002, S. 312ff.) geben außerdem eine genaue Anleitung, um aktuelle Schlafschulden zu ermitteln.

Dirk Nowitzki

Im Hochleistungssport wird viel Wert auf Schlaf gelegt, denn er ist eine Voraussetzung für Erfolg. Es gibt zahlreiche berühmte Beispiele: Dirk Nowitzki ist nur einer von vielen, denen der Schlaf heilig ist. Sportler, die zum Beispiel eine Regatta über den Atlantik segeln, erhalten vorher Schlafseminare. In ihnen wird ihr Schlaftyp bestimmt und sie erfahren, vor welchen Entscheidungen und Manövern sie einen Kurzschlaf halten sollten.

Keine Zeit für Schlaf

Ausreichend Schlaf wird in unserer Gesellschaft negativ bewertet. Produktivität bis zur Erschöpfung und Konsum rund um die Uhr werden von uns verlangt. Der Soziologe Hartmut Rosa erklärt dieses Phänomen in seinem hervorragenden Buch damit, dass „[…] die Beschleunigung der Produktion notwendig […] die Beschleunigung der Konsumtion verlangt […]" (Rosa, 2005, S. 261f.).

Nachhaltigkeit und ein erfülltes, gesundes, langes Leben stehen heutzutage bei vielen nicht oben auf der Tagesordnung. Die Bedeutsamkeit des Schlafes findet man in vielen Redewendungen und auch in der Bibel wieder. Dass unser Unterbewusstsein im Schlaf für uns arbeitet, zeigt die Redewendung: Das muss ich erst noch überschlafen. Zusammenhänge werden im Schlaf hergestellt, wenn die Detailinformationen ins Wissensnetz einsortiert werden. Deshalb kommen gute Einfälle oft im Bett: „Den Seinen gibt's der Herr im Schlaf" (AT, Psalm 127,2).

Das Nickerchen – catnap

Ein Nickerchen (engl. catnap) in der Lernpause ist auch sehr zu begrüßen. Es sollte 5–15 Minuten dauern, damit Sie nicht aus einer tieferen Schlafphase gerissen werden. Es sei denn, Sie haben Zeit für eine komplette Phase von 90 Minuten.

Nichts bringt uns besser voran als ein Nickerchen.

Von Aristoteles ist überliefert, dass er eine besondere Methode hatte, um seinen Schlaf zu verkürzen und schnell wieder weiterdenken zu können. Vor dem Einschlafen nahm er eine Kugel in die Hand und stellte eine Schüssel darunter. Beim Schlafen entspannten sich seine Muskeln und deshalb fiel die Kugel ins Gefäß. Durch diesen Lärm erwachte er (vgl. Weischedel, 2007, S. 53). Heutzutage wird diese Methode als catnap, Katzennickerchen, bezeichnet. Dabei wird die Gehirntätigkeit kurz auf eine niedere Frequenz heruntergefahren, was zu einer Belebung und Erfrischung des Geistes führt. Ähnliches bewirkt zum Beispiel auch das Betrachten von Mandalas.

Aristoteles

Beruhigend wirkt auch eine Augenentspannung. Das Ziel ist die Augenmuskulatur zu entspannen, um Kopfschmerzen und Sehfehlern vorzubeugen. Nebenbei geraten Sie auch in den Alphazustand. Dazu setzen Sie sich bequem auf einen Stuhl. Erwärmen Sie Ihre Hände durch Aneinanderreiben. Stützen Sie die Ellbogen auf die Oberschenkel oder einen Tisch. Bilden Sie mit den Handflächen kleine Körbchen und legen Sie Ihre Hände überkreuz auf Ihre Augen. Dabei halten Sie die Augen geschlossen und üben keinen Druck auf die Augen aus. Versuchen Sie, so schwarz wie möglich zu sehen. Das ist ein Zeichen für starke Entspannung (vgl. Benjamin, 1998, S. 46). Gedanken, die kommen, nehmen Sie an und lassen Sie wieder ziehen. Sollten Sie ins Grübeln geraten, dann konzentrieren Sie sich darauf, schwarz zu sehen. Begrenzen Sie die Zeit auf 10 Minuten.

**Übung:
Schwarzsehen
erwünscht!**

Individuelle Tipps für die Nutzung des Autopiloten

Passagiermaschine

Gewöhnen Sie sich das catnap an. Stellen Sie dazu eine Couch in Ihr Arbeitszimmer oder besorgen Sie sich eine Isomatte. Sehr zu empfehlen sind die selbstaufblasbaren Matten. Auf der komfortablen Variante (63 cm breit und 5 cm hoch) schlafen Sie so gut wie in einem Bett.

Segelflieger

Wiederholen Sie Gelerntes auf der Bettkante. Das kann kurz vor dem Schlafengehen oder nach dem Aufstehen sein.

Jumbojet

Jeder Pilot hat vor dem Abflug ein festes Ritual. Er geht einmal um die Maschine herum und checkt bestimmte Punkte. Führen auch Sie feste Rituale ein. Fangen Sie regelmäßig zu einer festen Zeit an. Lesen Sie zu einer bestimmten Zeit die Zeitung, trinken Sie Ihren Kaffee immer zur selben Zeit etc.

Raumschiff

Stellen Sie sich zum Arbeitsbeginn einen Wecker. Heften Sie außerdem einen Zettel mit der Aufschrift „Nur 12 Minuten" in die Nähe Ihres Arbeitsplatzes. Nur die ersten 12 Minuten sind anstrengend!

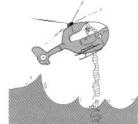

Rettungshubschrauber

Beziehen Sie Ihre rechte Gehirnhälfte beim Lernen mit ein. Vor dem Schlafengehen oder in einer Pause bietet sich für Sie eine Augenentspannung an.

Heißluftballon

Probieren Sie die Suggestopädie aus. Sprechen Sie dazu das zu verinnerlichende Material auf einen Tonträger. Spielen Sie dann gleichzeitig Barockmusik und Ihr Material ab.

Düsenjet

Stellen Sie sich einen Wecker für die Pausen. Es kann sonst passieren, dass Sie sich überanstrengen und das erst am Ende des Tages merken.

Drachenflieger

Probieren Sie die Mandala-Meditation aus. Dazu benötigen Sie ein Mandala und Meditationsmusik. Alles was zu tun ist, ist das Mandala zu betrachten. Die

Musik läuft im Hintergrund und hilft dabei, Ihre Gehirnwellen herunterzufahren. Betrachten Sie das Mandala 5–8 Minuten. Lassen Sie Gedanken zu und verabschieden Sie sich von Ihnen. Die Wirkung entsteht, wenn Sie Ihre rechte Gehirnhälfte mit den Formen und Farben spielen lassen. Es sind sehr viele Mandala-Bücher auf dem Markt, sowohl für Erwachsene als auch für Kinder. Gute Erfahrungen habe ich mit Rüdiger Dahlkes *Mandalas der Welt* gemacht.

Hier noch einmal zusammengefasst die wichtigsten Informationen zum Gehirn und der „Gehirnpflege" für eine optimale Lernsituation.

Synapsen	Frequenzen	Gehirnhälften
Wasser trinken für die Transmitterbläschen	Nach 15 Minuten 2–3 Minuten Pause, nach 45 Minuten 10 Minuten Pause, nach 1,5 Stunden 30 Minuten Pause	Der Copilot ist ein visueller und emotionaler Typ. Der Pilot arbeitet mit der Sprache und denkt analytisch.
Nach 1,5 Stunden Themawechsel		
Zeit für Neuaufnahme von Infos: 6–7 Stunden.	Frequenzwechsel: vom Beta- in den Alphabereich und umgekehrt	Nutzen Sie jeden Tag beide Hälften, besonders in der Weiterbildung.
Marihuana setzt die Konzentrationsfähigkeit herab und wirkt sich negativ auf die Gedächtnisleistung aus.	Das Katzennickerchen	Beziehen Sie Ihre rechte Gehirnhälfte beim Lernen mit ein, indem Sie z. B. Überkreuzbewegungen ausführen.
	Auswendiglernen im Alphazustand (z. B. vor dem Schlafengehen)	
Zwei oder drei Themen kann das Kurzzeitgedächtnis parallel verarbeiten.		

Übung Bevor Sie gleich Ihren Fluglehrgang fortsetzen, machen Sie folgende kleine Übung. Sie brauchen dafür nur einen Partner, der Ihnen behilflich ist. Stellen Sie sich hin und lassen Sie Ihre Arme rechts und links von Ihrem Körper herunterhängen. Bitten Sie nun Ihren Helfer, Ihre Arme fest an Ihren Körper zu drücken, während Sie versuchen sie mit aller Kraft zur Seite zu heben. Drücken Sie mindestens zwei Minuten lang. Dann lässt Ihr Partner Ihre Arme los.

Notieren Sie hier, was Sie gefühlt haben, während Ihr Partner Ihre Arme festhielt:

_____

_____

Notieren Sie nun, was passierte, nachdem er die Arme losließ. Wie haben Sie sich gefühlt?

_____

_____

Sie haben bereits ein Drittel des Buches gelesen. Ihr Weg zum Pilotenschein wird immer kürzer. Diese kleine Körperübung zeigt Ihnen, wofür sich die Mühe lohnt. Wenn das Lesen vielleicht zeitaufwändig ist und Sie lieber einem Hobby nachgehen oder lernen würden, lesen Sie trotzdem weiter. Die Mühe lohnt sich so, wie sich der Kraftaufwand in der Übung gelohnt hat. Wenn Sie bis zum Ende lesen und Ihr Flugobjekt sicher landen, dann werden Sie das Gefühl Ihrer Arme im ganzen Körper spüren. Deshalb lesen Sie weiter!

Allgemeine Tipps

1. **Maximal sieben Stunden pro Tag neue Infos aufnehmen.**
2. **Auch in Prüfungsphasen genügend schlafen.**

3. **Ein Vielfaches von 90 Minuten schlafen, 6, 7½ oder 9 Stunden.**
4. **Pausen machen nach: 10–15 Minuten, 30–45 Minuten und 90–120 Minuten.** Dabei wird der Autopilot unterschiedlich lange eingesetzt. Nacheinander eine Minipause, eine kurze Pause und eine längere Pause machen.
5. **Bewusst auf Autopilot schalten.** Das heißt: In den Pausen etwas komplett anderes machen.
6. **Zwei bis drei Klausuren parallel vorbereiten.** Das Kurzzeitgedächtnis kann mehrere Themen gleichzeitig bearbeiten.
7. **Daran denken: Marihuana setzt die Konzentrationsfähigkeit herab und wirkt sich negativ auf die Gedächtnisleistung aus.**
8. **Regelmäßig ein Nickerchen machen.**

Ernährung in der Lernzeit – Fracht und Treibstoff

Leicht & locker

Die Ernährung spielt für unser Wohlbefinden und insbesondere unsere Leistungsfähigkeit eine zentrale Rolle. Um über längere Zeit topfit und konzentriert sein zu können, sind zwei Grundsätze zu befolgen. Laden Sie keinen Ballast und tanken Sie den richtigen Treibstoff! Dann werden Sie keine Probleme wegen Überfrachtung oder Motorschaden bekommen. Sollten Ihnen Motorenprobleme und Überfrachtung fremd sein, dann überspringen Sie dieses Kapitel. Wenn nicht, dann lesen Sie weiter. Hier können Sie Ihre Aufnahmefähigkeit weiter steigern!

Zunächst wird erläutert, wie Essen und Denken zusammenhängen. Anschließend werden die gemeinsamen Prinzipien erfolgreicher Ernährungskonzepte aufgezeigt. Dabei werden weitverbreitete Missverständnisse ausgeräumt und es wird erklärt, worauf es beim Essen (in der Prüfungsvorbereitung) wirklich ankommt. Mittels einfacher Tests kann jeder Leser dann selbst bestimmen, wie viel Ladung für ihn beim Fliegen gut ist. Abschließend werden jedem Flugobjekt individuelle Treibstoffe und Zubereitungsarten empfohlen.

> **Ballast an Bord bringt vom Kurs ab.**
> **Jedem Flieger seinen Treibstoff!**

Zusammenhang von Bauch und Kopf –
Fracht und Flugverhalten

„Du bist, was du isst!" ist keine leere Floskel. Wenn Sie schweres Essen zu sich nehmen, wie Nudeln mit einer üppigen Sahnesoße, dann fühlen Sie sich danach auch schwer und müde. Ihr Denken verlangsamt sich. Scharfe Nahrungsmittel wie Ingwer oder Chili erhitzen Sie und Ihr Gemüt. Abkühlung erhalten Sie und Ihr Geist zum Beispiel durch Gazpacho, eine kalte Gurken-Tomatensuppe.

Sprichwörter   Viele Redensarten verweisen auf den Zusammenhang von Bauch und Kopf. Von Nietzsche stammt der Spruch: „Alle Vorurteile kommen aus den Eingeweiden" (Knischek, 2007, S. 84).

Übung   Notieren Sie hier mindestens zwei weitere Redensarten, die den Bezug zwischen Bauch und Kopf herstellen. Beispiel: „Lass mich in deinen Suppentopf gucken und ich sage dir, wer du bist." (Russisches Sprichwort)

1. _____

_____

2. _____

_____

Die Lösungen finden Sie im Lösungsteil (S. 177).

Drei unterschiedliche Ernährungskonzepte sind weltweit erfolgreich. Dazu gehören die Ernährung im Sinne der traditionellen chinesischen Medizin (TCM), das Säure-Basen-Konzept des österreichischen Arztes Dr. F. X. Mayr (1875–1965) und die Rückführung zu natürlichem Essverhalten nach dem Amerikaner Allen Carr. Der Grund ihres großen Erfolges liegt in den gemeinsamen Prinzipien. Bei allen werden Magen und Darm gehegt und gepflegt. Dem Körper wird also nur das zugeführt, was er gut verarbeiten kann. Dazu gehört auch, dass der Magen nicht überladen wird.

Prinzipien leistungsfördernder Ernährung

Das andere Prinzip ist die Orientierung am Wohlbefinden. Das heißt, alle drei Konzepte verzichten auf Kalorientabellen, Body-Mass-Index, Körperfettanteil und ähnliche statistische Werte. Zu Recht! Denn schon beim morgendlichen Gang auf die Waage beginnt das Problem. Das Wiegen ist ein relativ junges Phänomen. Erst seit der Aufklärung im 18. Jahrhundert vertraut unsere Gesellschaft auf Zahlen. Sie lassen sich leicht merken und in Statistiken eintragen. Dennoch hat das Wiegen einen Haken und deshalb steigen Sie bitte nie wieder auf eine Waage. Der Grund dafür ist: Eine gesunde Verdauung lässt sich nicht am Gewicht ablesen! Und nur, wer sein Essen gut verdaut, kann Höchstleistungen erbringen.

Missverständnis: Waage

Verlassen Sie sich nicht auf Zahlen!

Ernährungsbedingte Probleme wie Übersäuerung, Reizmagen, Magengeschwüre, Nierensteine, Sodbrennen, chronische Verstopfung, Mangelerscheinungen oder eine träge Darmtätigkeit hinterlassen ihre Spuren selten auf der Waage. Der Body-Mass-Index und ähnliche Tabellen sind Modeerscheinungen, mit denen viel Geld verdient wird. Belasten Sie weder Ihren Geldbeutel noch Ihren Kopf mit diesen Zahlen, denn es genügt ein einfacher täglicher Test.

Gehirngerechte Ernährung zeigt sich beim täglichen Blick auf den Bauch.

Selbsttest Sehen Sie sich jeden Tag Ihren Bauch an! Von oben und von der Seite. Ist er aufgebläht? Hart? Eingefallen? Spannt die Bauchdecke am Oberbauch? Dr. Mayr unterscheidet verschiedene krankhafte Baucharten, beispielsweise den entzündlichen Kotbauch und den Gasbauch (vgl. Rauch, 2001, S. 23). Ist Ihr Bauch stark gewölbt oder aufgebläht, dann haben Sie ihn überfrachtet oder ihm die falsche Nahrung zugeführt. Je nach Typ gibt es dafür eine andere Ursache, zum Beispiel Käsebrote, Rohkost, Süßigkeiten oder Joghurt. Ihr ästhetisches Empfinden wird Ihnen sagen, wann Ihr Bauch gesund aussieht. Ist er wohl geformt, dann führen Sie sich genau die Nahrung und die Menge zu, die für Sie richtig sind. Ihr Flugobjekt kann elegant durch die Lüfte gleiten!

Literaturtipps Wenn Sie mehr über gutes Essen wissen möchten, empfehle ich Ihnen drei Bücher, die die oben dargestellten Konzepte erläutern: Allen Carrs *Endlich Wunschgewicht*, Erich Rauchs *Die F. X. Mayr-Kur...und danach gesünder leben* und Barbara Temelies *Das Fünf Elemente Kochbuch*. Je nach Lernerpersönlichkeit wird Ihnen der bildhafte Stil Allen Carrs, die bodenständige Argumentation Dr. Mayrs oder die spirituelle Komponente des TCM am besten gefallen.

Übung Um nicht nur bei der Theorie zu bleiben, handeln Sie sofort und machen Sie den ersten realen Bauchcheck jetzt! Los, ziehen Sie Ihr Shirt aus der Hose, stellen Sie sich vor einen Spiegel und betrachten Sie Ihr Bäuchlein! Zeichnen Sie hier Ihren Bauch im Profil! Wichtig ist, dass Sie beim Zeichnen sehr genau sind. Verwenden Sie dazu das Hilfsraster, das auf der nächsten Seite abgebildet ist. Die genaue Wölbung, ihre Höhe und Breite sind wesentlich! Atmen Sie dabei ganz normal.

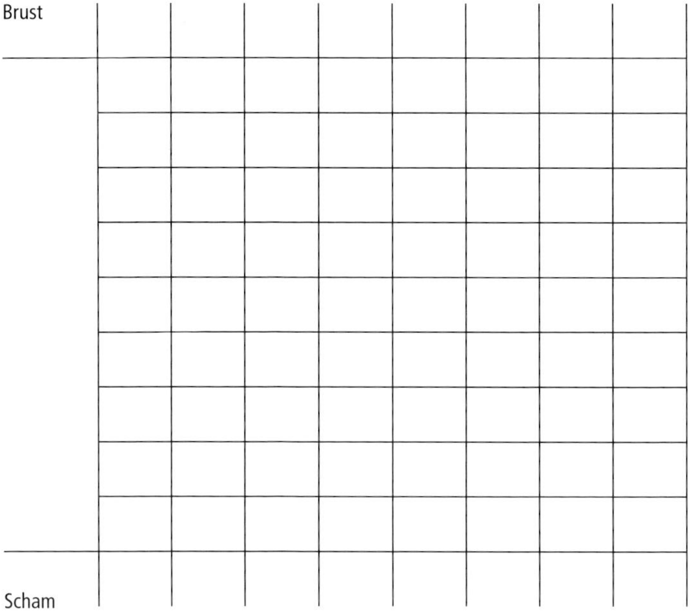

Brust

Scham

Falls die Methode des Bauchansehens nicht genügt, gibt es noch den Gürtel- und den Jacketttest. Für Frauen genügt oft der Gürteltest, wohingegen für Männer der Jacketttest ideal geeignet ist.

Liebe Leserinnen, schnallen Sie jeden Morgen den gleichen Gürtel um und überprüfen Sie, wie er sitzt. Wenn er enger wird oder spannt, ist das ein Zeichen für Überfrachtung oder falschen Treibstoff. **Test für Frauen**

Liebe Leser, ziehen Sie täglich das gleiche Jackett an und achten Sie darauf, wie es sitzt. Spannt es am Oberbauch? Bekommen Sie den Knopf nur mit Mühe zu? Das sind dann auch eindeutige Hinweise auf Überfrachtung oder den falschen Treibstoff. **Test für Männer**

Zur speziellen Situation des Lernenden –
Auswahl des Treibstoffes

Jetzt kommt Ihr Flugzeugtyp ins Spiel. Nicht jeder Lernende fühlt sich mit der gleichen Ernährung wohl. Der eine braucht Nahrung, die ihn beruhigt, der andere Nahrung, die ihn anregt, der nächste Nahrung, die ihm viel Energie zum Durchhalten liefert. Daher entwickeln Sie beim Lernen vielleicht neue Essbedürfnisse. Bestimmte Gerichte vertragen Sie jetzt schlechter oder sie schmecken Ihnen nicht so gut wie bisher. Dafür schmecken Ihnen jetzt andere Speisen. Passen Sie Ihre Nahrung Ihrer aktuellen Lernerpersönlichkeit an. In den folgenden Tipps erfahren Sie, was Ihnen gut bekommt und worauf Sie achten sollten.

> **Ermitteln Sie, welches Essen Ihr Gehirn auf Trab bringt! Finden Sie den richtigen Treibstoff für Ihr Flugobjekt.**

Traubenzucker

Wenn Sie normal essen, dann ist Traubenzucker in der Prüfung nicht nötig. Auf viele Menschen hat Kauen oder Lutschen jedoch eine beruhigende Wirkung, weshalb gegen einen kleinen Proviant nichts zu sagen ist.

Kaffee, Tee und Cola

Wenn Sie viel Wasser trinken und regelmäßig Überkreuzübungen machen, brauchen Sie nur wenig oder kein Koffein. Gerade in Prüfungsphasen neigen viele Menschen zu einem nervösen Magen. Zur Schonung des Magens und um eine Abhängigkeit von Koffein zu vermeiden, können Sie auch kalt duschen, sich bewegen oder mit Rosmarinöl baden. Das belebt und hält Sie ebenfalls wach. Wer Spaß an Kaffee, Tee oder Cola hat und diese gut verträgt, der sollte sich nicht in der Prüfungszeit entwöhnen. Sie würden sich unnötig einer Belohnungsart berauben!

Gut bekömmlich sind gekochte Speisen, zum Beispiel Suppen und Getreidegerichte. Bei wenig Zeit hat sich die Zubereitung von Couscous besonders bewährt.

Kochrezept

Zutaten:

Couscous, Gemüse wie z. B. Zucchini und Zwiebeln, Sonnenblumen-
oder Pinienkerne, Petersilie, Parmesan

Zubereitung:

Sie übergießen das Couscous mit kochendem Wasser
oder Brühe und lassen es 10 Minuten quellen.
Dazu dünsten Sie das Gemüse und rösten Sonnenblumen-
oder Pinienkerne.
Frische Petersilie und eventuell Parmesan oben drauf und fertig!
In 15 Minuten erhalten Sie eine ausgewogene, bekömmliche
Mahlzeit, die Sie auch kalt noch essen können. Wer möchte,
brät sich dazu noch ein Steak in der Pfanne.

Individuelle Tipps zu Fracht und Treibstoff

Passagiermaschine

Artischocke, Ruccola, frischer Oregano, Blattsalate, Tomaten, Gurken, kurz gedünstetes Gemüse, Früchtetee, Nüsse und Getreidegerichte. Arbeitsessen bekommen Ihnen nicht gut. Essen Sie mindestens zweimal am Tag in Ruhe. Konzentrieren Sie sich dann auf das Kauen und Ihre Mahlzeit.

Segelflieger

Lauch, Zwiebel, Meerrettich, Fleisch- und Gemüsesuppen. Würzen Sie regelmäßig mit Knoblauch, Pfeffer, Zimt oder Ingwer.

Jumbojet

Eier, Nüsse, Hülsenfrüchte, Getreide, Fleisch und Fisch. Essen Sie auch morgens und abends leichte gekochte Mahlzeiten. Zerbrechen Sie sich nicht den Kopf über einen abwechslungsreichen Speiseplan. Es tut Ihnen auch gut, wenn Sie regelmäßig das Gleiche essen. Zeichnen Sie täglich Ihren Bauch!

Raumschiff

Couscous, Petersilie, Mungobohnensprossen, Blattsalate. Sollten Sie einen Einkaufszettel haben, dann halten Sie ihn offen für spontane Änderungen. Probieren Sie neue Produkte aus.

Rettungshubschrauber

Meeresfrüchte, Fisch, Algen, Hülsenfrüchte. Kaufen Sie hochwertige Produkte, deren Herkunft Sie kennen.

Heißluftballon

Essen Sie regelmäßig zur gleichen Zeit. Kauen Sie in Ruhe und nehmen Sie Ihre letzte Mahlzeit einige Stunden vor dem Schlafengehen zu sich.

Düsenjet

Essen Sie gekochte Mahlzeiten und weniger Rohkost, morgens z.B. Getreidebrei. Das Kochen nach den fünf Elementen wäre etwas für Sie. Vereinfacht dargestellt funktioniert es so, dass alle Nahrungsmittel fünf Kategorien zugeordnet werden. Beim Kochen kommt es dann auf die richtige Reihenfolge der Elemente an. Wenn Sie ein Plakat mit der Elementetabelle (Beilage in: Temelie/ Trebuth, 2002) besitzen, können Sie völlig frei kochen.

Drachenflieger

Gemüsesuppen, Pilze, Tofu, Joghurt, Salate aus kurz gedünstetem Gemüse. Experimentieren Sie in der Küche.

Allgemeine Tipps

1. **Das Flugzeug normal beladen.**
2. **Den täglichen Bauchcheck durchführen!**
3. **Ermitteln, welches Essen Ihr Gehirn auf Trab bringt!**
   Jedem Flieger seinen Treibstoff.

3. Die Vorbereitung
oder: Vor dem Abflug

James Bond ist nicht nur ein genialer Agent, sondern auch ein außergewöhnlicher Pilot. Er kann einfach so in ein Flugzeug springen und eine Verfolgungsjagd starten. Das liegt daran, dass er drei Voraussetzungen erfüllt: Zum einen ist er mental auf eine spontane Verfolgung eingestellt, denn dafür wurde er speziell ausgebildet. Zum anderen ist er hoch motiviert. Schließlich ist es sein Ziel, den Bösen zu erwischen. Und drittens braucht er keinen Streckenplan, denn die Flugroute bestimmt der Böse.

In diesem Kapitel erhalten Sie ein dreischrittiges James-Bond-Training. Sie erfahren, wie Sie Ihr Gehirn auf das Lernen einstellen können. Außerdem wird der Nutzen von Streckenplänen dargestellt. So bekommen Sie die Orientierung und Sicherheit, mit der 007 jeden Zielort findet. Um zum Lernen so motiviert zu sein, als könnten Sie mit einer bestandenen Prüfung den Weltfrieden retten, erhalten Sie außerdem Tipps zur Motivation.

Fit wie James Bond

Das Gehirn aktivieren – Die Flugbesprechung

Die Crew trifft sich ungefähr eine halbe Stunde vor Abflug, um den Flug zu besprechen. Im Cockpit stellen sich der Pilot und der Copilot anschließend mental auf den bevorstehenden Flug ein. Dazu bereden sie den genauen Ablauf. Diese Vorbereitungen sind immer nötig, da jeder Flug anders verläuft. Leider kann nur ein James Bond in ein Flugzeug springen und sofort abheben!

Jeder Lernpilot bereitet sein Gehirn anders auf das Lernen vor. Die Metapher vom Wissensnetz veranschaulicht diesen Prozess sehr gut. Es geht darum, das eigene Netz zu aktivieren. Wie Sie das tun können, entnehmen Sie den individuellen Tipps und den Beispielen. Außerdem wird gezeigt, wie das häufig auftretende Problem der Netzüberlastung gelöst werden kann.

Wissensnetz

Wie können Sie sich optimal auf die Informationsaufnahme vorbereiten? Vera F. Birkenbihl (vgl. *Stroh im Kopf*, 2007, S. 44ff.) schuf dafür das Bild vom Wissensnetz. Demnach ist unser Wissen in Netzen gespeichert. Diese Netze sind dort dicht, wo wir viel wissen. Sie weisen dort große Löcher auf, wo wir wenig wissen.

71

■ **Wissen wird in Netzen abgespeichert.**

Mein Neffe und die Formel 1

Mein Wissensnetz zum Thema Formel 1 ist sehr löchrig. Letzte Woche hörte ich im Radio zufällig, wer am Wochenende das Autorennen gewonnen hatte. Diese Information fiel direkt durch mein Netz. Das Ergebnis blieb nicht hängen, weil meine wenigen Wissensfäden zum Motorsport zu weit auseinander stehen. Für meinen Neffen war das unvorstellbar: „Du hast es doch gehört. Warum willst du es mir nicht sagen? Hat etwa der Alonso gewonnen?" „Ich weiß es wirklich nicht." Mit dieser Antwort gab er sich nicht zufrieden. Ist ja auch verständlich. Hätte er das Ergebnis gehört, wäre es in seinem dichten Netz sofort hängen geblieben.

**Mit löchrigen Netzen fängt man
weiner Infos.**

Stellen wir uns vor, mein Neffe hätte zu mir gesagt: „Jetzt kommt gleich das Ergebnis im Radio. Passt du mal auf, wer gewonnen hat? Ich muss kurz zur Toilette." Dann hätte ich mir mit Sicherheit den Namen des Siegers gemerkt. Denn auch in löchrigen Netzen können Informationen hängen bleiben. Die Voraussetzung dafür ist nur, dass sie aktiv sind.

**Mit einem aktiven Wissensnetz merkt
man sich mehr.**

Tricks aus dem Fremdsprachen-unterricht

Das geht am einfachsten, wenn Sie Ihr bisheriges Wissen zu dem Thema aktivieren. In der Fremdsprachendidaktik werden dazu sogenannte „pre-reading activities" durchgeführt. Vor dem Lesen eines unbekannten Textes wird der Sprachlerner auf diesen Text vorbereitet. Zum Beispiel bekommt er ein Kreuzworträtsel, das

Vokabeln dieses Textes enthält. Oder ihm wird ein Foto zu demselben Thema gezeigt, woraufhin er alles nennt, was ihm dazu einfällt. Beim Assoziieren wird nicht nur bekanntes Vokabular reaktiviert, sondern die Lerner stimmen sich auch inhaltlich auf die Geschichte ein.

In der Weiterbildung ist dieser Schritt noch wichtiger als in der Schule. Wenn Sie „nebenbei" einen Beruf ausüben und womöglich familiäre Verpflichtungen haben, dann sind bei Ihnen täglich hunderte von Wissensnetzen aktiv. Viele davon betreffen Sie sogar nur indirekt. Sie denken an die Englischarbeit Ihres Sohnes, die Anmeldung für den Kindergarten, den Urlaubsantrag Ihres Kollegen, usw. Besonders stören diese aktiven Netze Ihr Denken, wenn Sie abends lernen wollen. Ihre Aufnahmefähigkeit ist dadurch stark eingeschränkt. In diesem Fall müssen alle aktiven Wissensnetze heruntergefahren werden. Das erreichen Sie mit Tipps aus Kapitel 2 (Hirnfrequenzen – Gehirnströme). Ein französischer Freund von mir nennt das: „Faire le vide dans la tête". (Die Leere im Kopf machen). Nach seinem 12-stündigen Tag als Ingenieur legt er Musik ein, streckt sich auf der Couch aus, schließt die Augen und hört zwei bis drei Stücke. Dann steht er auf, ist ein angenehmer Gesellschafter und lernt noch Russisch.

Spezielle Bedürfnisse in der Weiterbildung

Bei Netzüberlastung fahren Sie das System herunter und machen Sie einen Gehirn-Neustart!

Erst nach dem Herunterfahren können Sie Ihr Gehirn neu starten. Aktivieren Sie nun den Bereich, der Ihr Prüfungsthema betrifft. Dafür gibt es hunderttausend Möglichkeiten. Einige stelle ich Ihnen für Ihr Flugobjekt vor. Fühlen Sie sich frei zu experimentieren.

Individuelle Tipps zur Gehirnaktivierung

Passagiermaschine

Sprechen Sie alles, was Ihnen zu dem Thema einfällt, auf ein Diktiergerät. Lassen Sie Ihre Gedanken sprudeln. Es kommt nicht auf Ordnung an.

Segelflieger

Machen Sie ein schriftliches Brainstorming. Nehmen Sie dazu ein großes Blatt Papier, am besten unliniert. Schreiben Sie das Thema in die Mitte des Blattes. Notieren Sie dann Ihre Assoziationen dazu auf Strahlen, sodass eine Sonne entsteht.

Jumbojet

Blättern Sie Ihre Unterlagen zu dem Thema durch. Das können Bücher, Zeitschriften oder Ihr Ordner sein. Erstellen Sie eine Mindmap zu dem Thema. Mit Mindmaps können „Gedanken aller Art […] methodisch festgehalten werden" (Kirckhoff, 2004, S. 2). Diese Methode ist mittlerweile weit verbreitet. Im Kapitel 4 wird sie ausführlich vorgestellt.

Raumschiff

Bilden Sie Vergleiche zu allem, was mit Ihrem Thema zu tun hat. Besonders geeignet ist das Prinzip der Synektik. Nehmen wir an, Ihr Thema ist die Kundenorientierung. Dann nehmen Sie eine Liste mit Begriffen zu einem anderen Thema, z. B. Wetter (Sonne, Gewitter, kalt, Tief, Wetterwechsel). Suchen Sie nun nach Gemeinsamkeiten zwischen Aspekten Ihres Themas und dem Wetter, wie z. B.: Der Kunde soll strahlen. Bringt der Kunde eine Gewitterwolke mit, dann schiebt mein Hoch sie weg. Ich erzähle ihm keinen Schnee von gestern, sondern biete ihm aktuelles Wissen (vgl. Malorny/Backerra/Schwarz, 2007, S. 112ff.).

Rettungshubschrauber

Notieren Sie alle Fragen, die Ihnen zu dem Thema einfallen. Unabhängig davon, ob Sie die Antwort kennen oder nicht.

Heißluftballon

Stellen Sie sich die Prüfung vor. Lassen Sie vor Ihrem inneren Auge einen Film ablaufen, der Sie im Prüfungsraum zeigt. Sehen Sie das Aufgabenblatt vor sich. Halten Sie jetzt inne. Stellen Sie sich die Prüfungsfragen auf dem Papier vor. Sie können diese Übung variieren. Wenn Sie erst mit dem Lernen begonnen haben und die Prüfung noch eine Weile hin ist, dann visualisieren Sie einen Test, der vor der Prüfung geschrieben wird.

Düsenjet

Lesen Sie sich das Inhaltsverzeichnis eines Buches zu Ihrem Thema durch. Sehen Sie sich Ihren Lernplan an. Was wollen Sie sich heute erarbeiten? Fangen Sie dann direkt mit dem Lernen an. Alles andere würde Ihnen wie Zeitverschwendung vorkommen. Sie kommen James Bond am nächsten.

Drachenflieger

Schreiben Sie das Alphabet untereinander auf. Notieren Sie möglichst zu jedem Buchstaben einen oder mehrere Begriffe, die Ihnen zu dem Thema einfallen. Springen Sie von einem Buchstaben zu einem anderen. Die Reihenfolge ist dabei unwichtig. Wenn Sie den spielerischen Charakter betonen wollen, können Sie gegen jemanden spielen oder Ihre eigene Zeit stoppen und versuchen, das ABC möglichst schnell zu vervollständigen. Für diese Form des Notierens gibt es verschiedene Begriffe. Birkenbihl (vgl. 2004, S. 16ff.) nennt es ABC-Liste, der traditionelle Begriff lautet Abecedarium (Metzler Lexikon Literatur, 2007, S. 1).

Allgemeine Tipps

1. Sich mental auf die Lern- oder Prüfungssituation einstellen.
2. Das bisherige Wissen zu dem anstehenden Thema aktivieren.
3. Bei Netzüberlastung das System herunterfahren und das Gehirn neu starten!

Die Prüfung planen – Die Flugroute festlegen

Welche Strecke wählt ein Pilot, wenn er von Düsseldorf nach Rom fliegt? Das kann man nicht genau sagen. Die grobe Route ist in etwa immer die gleiche. Die genaue Flugstrecke hingegen wird bei jedem Flug individuell vom Kapitän und seinen Instrumenten erstellt. Schließlich ändert sich das Wetter (Sicht, Wind, etc.) ständig.

<table>
<tr><td>**Individuelle Planung**</td><td>Das gleiche gilt für die Lernplanung. Es ist überaus hilfreich, sich von Professoren, Lehrern oder ehemaligen Prüflingen beraten zu lassen. Doch diese Tipps reichen nicht aus, denn jede Prüfung ist anders. Genau wie das Wetter. Hinzu kommt, dass jeder Prüfling ein anderes Modell fliegt. Ihr individuelles Flugobjekt legt die genaue Strecke fest. Daher sollten Sie auch jede Prüfung individuell planen.</td></tr>
</table>

Die Flugroute

Wie erstellt ein Pilot seinen Flugplan? Er legt zunächst den Zielort fest und informiert sich über die Landebedingungen.

Lande-bedingungen herausfinden

Wie sieht die Landebahn aus? Anders ausgedrückt: Wie sieht das Ziel aus, welches Sie ansteuern? Auf die Prüfungssituation bezogen heißt das: Was erwartet Sie in der Prüfung? Diese Informationen erhalten Sie meistens von den Prüfern. Aber auch Prüfungsordnungen und die Auskünfte von ehemaligen Prüflingen helfen weiter. Sie können die Fragen auch gemeinsam mit Mitschülern oder Kommilitonen beantworten.

Je vertrauter der Zielort, desto besser die Landung.

Checkliste: Prüfungsplanung

Welche Art von Aufgaben werden Sie erhalten?

_____

Wie wird gefragt, werden Zusammenhänge abgeprüft oder Detailwissen?

_____

Dürfen Sie zwischen verschiedenen Aufgaben wählen und können dadurch auf Lücke lernen?

_____

Kann ein Bereich eventuell komplett ausgeschlossen werden?

_____

Welche Themen sind prüfungsrelevant?

_____

_____

Haben Ihre Prüfer besondere Eigenheiten oder Spezialgebiete?

_____

_____

Weitere wichtige Informationen für die Prüfung:

_____

_____

**Navigations-
punkte festlegen**

Anschließend bestimmt der Pilot seine Navigationspunkte, welche die lange Strecke in kürzere Abschnitte unterteilen. Diese Punkte koppeln den jeweiligen Ort an eine bestimmte Zeit. Hier ein vereinfachter Streckenplan für einen Flug von Düsseldorf nach Rom:

Ort	Zeitpunkt
Düsseldorf	11 Uhr
Bern	11:50 Uhr
Matterhorn	12 Uhr
Genua	12:20 Uhr
Elba	12:30 Uhr
Rom	12:45 Uhr

Mithilfe der Navigationspunkte kann der Pilot überprüfen, ob er auf dem richtigen Weg ist. Wenn er um 12 Uhr nicht das Matterhorn, sondern den Eiffelturm sieht, dann sollte er dringend Kurs Richtung Süden aufnehmen!

Navigationspunkte geben Orientierung und Sicherheit.

Die Navigationspunkte geben Ihnen Sicherheit in der Prüfungsvorbereitung. Mit ihnen können Sie leicht feststellen, ob Sie auf dem richtigen Kurs sind. Diese Punkte festzulegen, erscheint Ihnen womöglich banal und einfach. Doch hier liegt der Knackpunkt.

**Der
unüberwindbare
Berg**

Viele meiner Seminarteilnehmer leiden unter Prüfungsangst. Sie sehen den Stoff vor sich wie einen unüberwindbaren Berg. Auf die Frage, was sie bis zur Prüfung wissen müssen, antworten sie: „Ich muss alles wissen, was in den letzten zwei Jahren durchgenommen wurde", „Ich muss die gesamte Ökologie beherrschen", „Ich muss das ganze BGB kennen".

Durch mehrere Etappen wirkt der Berg nicht mehr so hoch.

Magenprobleme, das Gefühl der Überforderung, ungerechtes Verhalten gegenüber Freunden und Lebenspartnern, Selbstmitleid und Verdrängungsmechanismen entstehen oft dadurch, dass der Lernstoff als eine Gewitterfront wahrgenommen wird. Dunkel und bedrohlich baut er sich vor einem auf und wirkt undurchdringbar. Nur eine schnelle Umkehr scheint ein Ausweg zu sein. Damit Sie sicher und angenehm durch mögliche Unwetter fliegen können, verteilen Sie Ihren Stoff auf mehrere Streckenabschnitte.

Sicher durch Unwetter

Beurteilen Sie zunächst das folgende Beispiel.

Hier sehen Sie die grobe Flugroute, mit der ein Konditor den fachtheoretischen Teil seiner Meisterprüfung planen wollte. Der Ort entspricht dem Wissen o. Ä., über das der Kursteilnehmer zu den verschiedenen Zeitpunkten verfügen wollte.

Übung

Ort	Zeitpunkt
Wissen aus dem Unterricht (Lernbeginn)	1. März
ordentliche Kursunterlagen	4. März
Auftragsabwicklung	18. März
Gestaltung und Herstellungsverfahren	1. April
Betriebsführung und Betriebsorganisation	15. April
Berechnungen	18. April
Klausuren	19. April – 22. April

Dieser grobe Streckenplan beinhaltet die drei Handlungsfelder der theoretischen Prüfung. Außerdem plant der angehende Meister Zeit ein, in der er noch einmal das Rechnen übt. Der Plan erscheint somit sinnvoll. Dennoch wäre es möglich, dass der Lernende bei der Prüfung eine Bruchlandung erlebt.

Geben Sie bei jeder der folgenden Aussagen an, ob sie zutrifft oder nicht, und begründen Sie Ihre Entscheidung, indem Sie noch einmal auf den Flugplan schauen!

Der Pilot könnte Schwierigkeiten bekommen:
a) in der Klausur zur Auftragsabwicklung.
b) Wenn er in der Aufgabe zum Thema Gestaltung dekorative Schrifttypen zeichnen oder maßstabgetreue Zeichnungen für Pralinen anfertigen soll.
c) Wenn er betriebliche Kosten ermitteln und die Kostenstrukturen überprüfen soll.

Die Lösungen finden Sie im Lösungsteil (Seite 177).

Bereiten Sie sich auf die verschiedenen Aufgabentypen vor. (Beispiele: Auswertung von Diagrammen, Berechnungen, Textanalyse)

Achtung: Kamikaze-Flieger! Sie legen sich nicht gern fest? Dann stellen Sie sich einen Piloten vor, der mit geschlossenen Augen losfliegt. Blindes Draufloslernen kann gelingen, es ist allerdings ein Glücksspiel. Damit Ihre Prüfung nicht zum russischen Roulette wird, legen Sie unbedingt grobe Navigationspunkte fest!

Ein Flug ohne Streckenplan ist lebensgefährlich.

Neben der normalen Planung von heute bis zum Tag der Prüfung gibt es noch weitere Möglichkeiten. Probieren Sie eine der folgenden Vorgehensweisen aus:

Vorgehensweisen bei der Planung

a) Erstellen Sie einen Streckenplan, mit dem Sie garantiert durchfallen werden. Notieren Sie, was Sie alles nicht tun werden! Zum Beispiel: Ich werde nicht die Vokabeln lernen! Kehren Sie die Ratschläge anschließend um.

b) Planen Sie von hinten nach vorn. Beginnen Sie also mit dem Tag der Prüfung und legen Sie rückwärts Ihre Schritte fest, bis Sie am heutigen Tag ankommen.

c) Stellen Sie sich vor, Sie sind die Hauptfigur eines Märchens. Eine Fee erscheint Ihnen und stellt Ihnen einen Wicht zur Seite, der für Sie für die Prüfung lernen wird. Der Wicht ist mit dem Thema nicht vertraut, aber überaus eifrig. Erstellen Sie ihm einen Plan mit sehr genauen Navigationspunkten, damit Ihr kleiner Helfer auf dem richtigen Kurs bleibt.

Die Übungen a) und c) fallen denjenigen Seminarteilnehmern leicht, die Entscheidungen besser aus der Distanz oder für andere fällen. Mit diesen beiden Gedankentricks bringen Sie sich in Distanz zu Ihrem eigenen Lernprozess und erstellen auf diese Weise einen realistischen Lernplan. Außerdem hilft es manchmal sehr, sich auszutoben und alles aufzuschreiben, was man nicht tun sollte. Für Lerner, die Zeitprobleme kennen, eignet sich b).

Auch das Planen selbst sollte Ihrer Persönlichkeit entsprechen.

Die folgende Checkliste hilft Ihnen, die Zeit realistisch einzuschätzen. Je genauer Sie wissen, wie lange Sie für einzelne Schritte brauchen, desto realistischer wird Ihr Plan und desto einfacher können Sie ihn einhalten. Planen Sie Zeit ein zum Kopieren, zum Bibliotheksbesuch, zur Gesamtwiederholung

Realistische Zeitplanung

Prüfungsvorbereitung ist mehr als Lernen.

Checkliste: Mögliche Lerntätigkeiten

	Geschätze Dauer
1. Unterlagen zusammenstellen ☐ Eigene Kursunterlagen sortieren und abheften ☐ Mitschriften eines sehr guten Schülers kopieren ☐ Bücher suchen, ausleihen, kaufen ☐ Bücher überfliegen, Kapitel kopieren ☐ Prüfungsprotokolle, alte Klausuren besorgen ☐ Thesenpapiere anderer Studenten organisieren ☐ Mit ehemaligen Prüflingen sprechen, um mögliche Fragestellungen zu erfahren	
2. Inhalte erfassen ☐ Lesen, exzerpieren (= herausschreiben) ☐ Zusammenfassungen erstellen ☐ Überblick über das Gebiet visualisieren (z. B. Mindmaps)	
3. Wissen speichern ☐ Fachbegriffe, Definitionen, Formeln auswendig lernen ☐ Zusammenfassung verinnerlichen	
4. Wissen anwenden ☐ Probeklausuren schreiben ☐ Übungen und Zusammenfassungen wiederholen ☐ Neue Übungsaufgaben machen	
5. Wissenslücken schließen ☐ Mit Lerngruppe treffen ☐ Experten fragen (z. B. Sprechstunde des Professors, Nachhilfeinstitut etc.)	
6. Lernprozess organisieren ☐ Tages- bzw. Wochenziele festlegen und ggf. korrigieren	

Zeichnen Sie nur eine Checkliste, wenn Sie diese Form mögen. In welcher Art Sie Ihren Streckenplan erstellen, hängt von Ihrer Lernerpersönlichkeit ab. Wählen Sie die, die Ihnen gefällt. Sie können auch einen Zeitstrahl oder ein Koordinatensystem anlegen, eine Mindmap zeichnen oder die Navigationspunkte direkt in Ihr Handy, Ihren Timeplaner oder Ihren guten alten Kalender eintragen. Vielleicht haben Sie noch weitere Ideen oder Gewohnheiten. Wichtig ist, dass Sie dabei Ihrem Typ treu bleiben. Und noch eins: Seien Sie mit Papier großzügig. Große Projekte und große Ideen verdienen auch großes Papier.

Tipps aus der Praxis

Wissensstandsicherung – Die Fremdpeilung
Bei schlechter Sicht oder Zweifeln an den Instrumenten können Piloten ihre genaue Position von außen bestimmen lassen. Der Tower gibt ihnen dann eine sogenannte Fremdpeilung.

Auch Studenten sind sich oft unsicher. Sie plagen folgende oder ähnliche Gedankenketten: „Weiß ich genug? Weiß ich überhaupt etwas? Die anderen wissen viel mehr! Bei mir geht im Kopf alles durcheinander. Ich weiß gar nichts. Ich werde durchfallen." Andere denken: „Hab' alles verstanden, überhaupt kein Problem", obwohl sie große Wissenslücken haben. Aus diesem Grund sollten Sie auf irgendeine Weise sicherstellen, dass Sie den Stoff tatsächlich beherrschen.

Wer nichts mehr peilt, hole sich eine Fremdpeilung.

Dazu gibt es folgende Möglichkeiten:
- **Erklären Sie jemandem den Stoff.** Das kann durchaus jemand sein, der von diesem Thema gar keine Ahnung hat. Damit derjenige es versteht, müssen Sie sich besonders verständlich ausdrücken.
- **Bereiten Sie Prüfungsfragen vor und prüfen Sie sich gegenseitig in der Lerngruppe.** Vorausgesetzt, es ist ein Lerner dabei, der sehr gut ist.
- **Notieren Sie Ihre Fragen beim Lernen und stellen Sie diese einem Experten.** Das kann ein Professor, Lehrer, Bekannter oder

kommerzieller Anbieter (z. B. Nachhilfeinstitute, Repetitoren) sein.

▓ **Schreiben Sie Probeklausuren und sichern Sie sich eine richtige Korrektur.** Diese können Sie auf verschiedenen Wegen erhalten.

Anne,
Steuerberaterin

Meine Bekannte Anne schickte ihre Probeklausuren für das Steuerberaterexamen an einen bezahlten Anbieter. Sie hatte einen Klausurenkurs gebucht. Da diese Kurse nicht gerade billig sind, fand sie zusätzlich noch andere Wege. Sie tauschte korrigierte Klausuren mit zwei anderen Lernern aus, die bei anderen Anbietern einen Klausurenkurs gebucht hatten. Außerdem korrigierte sie ihre Klausuren selbst. Sie hatte an den bezahlten Korrekturen erkannt, wie präzise die Antworten sein müssen und war deshalb nicht mehr ausschließlich auf die Fremdpeilung angewiesen. Sie gab nun von selbst beispielsweise den Paragraphen und nicht nur den Satz an.

▓ **Der Austausch mit anderen Lernern kann sehr fruchtbar sein.**

Individuelle Tipps zur Flugroute

Passagiermaschine
Bauen Sie bewusst ausreichend Puffer ein.

Segelflieger
Bleiben Sie flexibel. Halten Sie Ihren Plan für Änderungen offen.

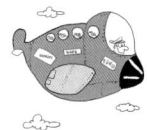

Jumbojet
Denken Sie schon während des Lernens daran, was für die Zeit nach der Prüfung zu tun ist, d. h., leiten Sie bereits erste Schritte ein. Schreiben Sie z. B. Bewerbungen, besorgen Sie sich die Unterlagen für die nächste Prüfung etc. Planen Sie regelmäßig eine feste Zeit ein, in der Sie nach neuen Lösungen suchen. Beginnen Sie ihre Lerneinheiten mit einfachen Übungen wie Wiederholungen oder mit Stoff, der Ihnen noch bekannt ist.

Raumschiff

Planen Sie von hinten nach vorn. Beginnen Sie Ihre Lerneinheiten mit dem Schwierigsten. Legen Sie Wiederholungen auf Zeitpunkte, an denen Sie ausgeruht sind. Planen Sie am Abend die Tätigkeiten für den nächsten Tag.

Rettungshubschrauber

Bauen Sie Zeit ein, um Ihre sozialen Kontakte aufrechtzuerhalten. Notieren Sie sich als Ziel eine Liste mit allen Punkten, zu denen Sie noch nichts wissen. Hängen Sie diese Liste gut sichtbar an Ihrem Arbeitsplatz auf.

Heißluftballon

Bauen Sie Puffer so ein, dass Sie wichtige private Termine wie Omas 80. Geburtstag oder Ihre eigene Hochzeit wahrnehmen können. Konzentrieren Sie sich beim Lernen jedoch auf sich selbst. Kümmern Sie sich weniger um die Belange anderer als gewöhnlich. Sagen Sie bewusst auch einmal „Nein".

Düsenjet

Haken Sie Ihre Navigationspunkte gut sichtbar auf Ihrem Streckenplan ab. Sie können sie auch mit einem schwarzen Edding kraftvoll durchstreichen, das motiviert und macht Spaß. Planen Sie Zeit zur Entspannung ein. Achten Sie darauf, dass Sie Pausen machen um Ihre existentiellen Bedürfnisse zu befriedigen (Essen, Schlafen, Bewegung an frischer Luft, Kontakt zu anderen Menschen). Erstellen Sie Ihren Streckenplan frühzeitig, denn er verleiht Ihnen Sicherheit.

Teilziele abzuhaken erleichtert und macht zufrieden.

Drachenflieger

Erstellen Sie einen groben Lernplan, an den Sie sich streng halten. Verzichten Sie hingegen auf eine strikte Feinplanung. Bleiben Sie stattdessen flexibel und wählen Sie bei Ihren Wochen- und Tageszielen eine variable Form. Arbeiten Sie z. B. mit Klebezettelchen oder einer Magnettafel, sodass Sie Ihre Navigationspunkte leicht ändern können.

Ein Navigationspunkt sollte auf jeden Fall das Ende Ihrer Suche nach Lernma-
terialien festlegen. Da es Ihnen zunächst eventuell schwer fallen wird, seien Sie
nicht zu streng mit sich. Sagen Sie beispielsweise: Bis zum 25. März wähle ich
die drei Bücher aus, die den Kern meiner Prüfungsvorbereitung bilden werden.

Übung Erstellen Sie nun einen Streckenplan für Ihre anstehende Prüfung!

Allgemeine Tipps

1. **Sich über den Zielort informieren:** Was genau wollen Sie bis zur
   Prüfung alles können?
2. **Ausreichend Navigationspunkte festlegen:** Zu welchem Zeitpunkt wollen Sie über welche Fähigkeiten und welches Wissen verfügen?
3. **Zeit für eine Gesamtwiederholung einplanen.**
4. **Sich auf die verschiedenen Aufgabentypen vorbereiten** (z. B.
   Textanalyse, Auswertung von Diagrammen, Berechnungen).
5. **Bei der Planung: Ihrer Persönlichkeit treu bleiben.**
6. **Zeit einplanen für: kopieren, zur Bibliothek gehen, Gesamtwiederholung etc.**
7. **Üben, die Zeit für die einzelnen Lerntätigkeiten realistisch einzuschätzen.**

Motivation – Sex an Bord?

Die Motivation aufrecht erhalten In der Vorbereitung auf eine größere Prüfung gibt es immer wieder
Phasen, in denen die Motivation nachlässt. Dann wird das Lernen
anstrengend, womöglich sogar zur Qual. Typische Symptome sind
Konzentrationsschwierigkeiten, Müdigkeit und ein verstärktes Pausenbedürfnis. Seminarteilnehmer mit diesen Symptomen erwarten
von mir in der Regel Lerntechniken. Vom schnellen Lesen und nach-
haltigen Auswendiglernen versprechen sie sich Abhilfe. Das macht
auch durchaus Sinn. Jedoch liegt die Ursache für die Schwierigkeiten meistens tiefer. Es fehlt die Motivation. Wenn es nicht das
Thema ist, das Sie motiviert, sondern vielmehr der Abschluss, das

Diplom, dann wird diese Motivation nicht für die gesamte Vorbereitungsphase ausreichen.

Im Folgenden erfahren Sie, wie Sie Ihr Interesse aufrechterhalten können. Sie werden sich zunächst mittels einer Tabelle Ihrer individuellen Motivationsfallen bewusst. Anschließend bekommen Sie Anregungen, wie Sie sich am besten belohnen können. Zuletzt wird die Macht von Ritualen beschrieben. Zu jedem der drei Punkte erhalten Sie hier persönliche Tipps.

Eine Abnahme der Motivation ist die Hauptursache für die Aufgabe von Projekten.

Himmlische Wesen – Motivationsfallen erkennen

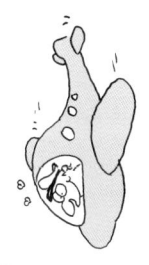

Vorsicht! Über den Wolken lauert eine Gefahr auf Sie: die himmlischen Verführerinnen und fliegenden Kobolde. Diese Himmelswesen können Sie von Ihrer Linie abbringen, auch wenn Sie Navigationspunkte festgelegt haben. Schon so mancher Pilot wurde von ihnen dazu verleitet, seine Route zu verlassen, und kam demzufolge spät oder gar nicht am Zielort an.

Diese Himmelsbewohner sind unsterblich. Sie langweilen sich, und versprechen sich von Ihnen Abwechslung. Dabei sind sie nicht grau und bedrohlich wie die Grauen Herren in Michael Endes „Momo", die den Menschen die Zeit stehlen. Nein, sie sind sehr nett und ohne böse Absichten. Sie mögen alles, außer ernsthaftem Lernen. Oder haben Sie schon einmal einen Engel mit Lesebrille und Buch unter dem Arm gesehen? Nur sind für diese Wesen „Zeit", „Prüfungen" und „Zukunft" Worthülsen, leere Wörter ohne Bedeutung.

Was Ihnen vielleicht ein Himmelswesen ins Ohr flüstert
Übung

Anhand der folgenden Tabelle können Sie sich bewusst machen, welche Angebote der himmlischen Verführerinnen und Kobolde für Sie besonders verlockend sind. Tragen Sie ein, wie stark Sie sich ablenken lassen.

„Lass uns nur noch kurz …"	schwach	mittel	stark
1. telefonieren, SMS-schicken.			
2. einkaufen, kochen, essen.			
3. Fahrrad, Motorrad oder Auto pflegen.			
4. Fenster putzen, Staub wischen, bügeln.			
5. E-Mails checken, im Netz surfen, Computer defragmentieren.			
6. Kaffee/Tee trinken, eine rauchen.			
7. in Stimmung kommen: durch Musik, Fernsehen, ein Bierchen.			
8. Nachrichten schauen/Zeitung lesen.			
9. Schrank/Keller aufräumen.			
10. Haare tönen, piercen.			
11. spontan sein.			
12. ins Fitness-Studio gehen.			
13. mit den Kindern/Haustieren spielen.			

> **Wer Motivationsfallen als solche erkennt, kann sie leichter vermeiden.**

Individuelle Tipps zur Abwehr der Kobolde und Verführerinnen

Passagiermaschine
Füllen Sie die Tabelle zusammen mit Freunden oder Lernpartnern aus.

Segelflieger
Notieren Sie die fünf häufigsten Ablenkungen auf einem Zettel und tragen Sie ihn immer bei sich (z. B. Brieftasche). Bei weiteren Vorschlägen Ihrer Himmelswesen werden Sie sofort hellhörig, worauf die Störenfriede verstummen werden.

Jumbojet
Hängen Sie sich diese Tabelle an Ihren Arbeitsplatz.

Raumschiff

Zeichnen Sie ein für Sie verführerisches Himmelswesen und hängen Sie sich das Bild an Ihren Arbeitsplatz. Sie können auch die vorherige Abbildung (S. 87) kopieren. Beides wird Sie für Ablenkungen sensibilisieren.

Rettungshubschrauber

Hängen Sie sich diese Tabelle an den Ort, wo Sie sich vom Lernen abhalten lassen (Kühlschrank, Bad, Bildschirm etc.).

Heißluftballon

Nicht alles, was ein Kobold Ihnen zuflüstert, ist abzuschlagen. Es gibt natürlich auch wirklich Dringendes wie z. B. ein unerwarteter Besuch eines Freundes aus Australien oder ein Mensch, der dringend Hilfe braucht.

Düsenjet

Wenn Sie ein sehr ausgeprägter Düsenjettyp sind (vier zutreffende Antworten im Eingangstest), dann genügt es, dieses Kapitel zu lesen. Sie können darauf verzichten, eine Tabelle zu erstellen.

Drachenflieger

Erstellen Sie Ihre persönliche Hitparade mit den drei häufigsten Ablenkungen dieser Woche. Ermitteln Sie Ihre Hitparade von nun an drei Wochen lang.

Belohnungen

Der Mensch stammt vom Affen ab. Deshalb hat auch ein Pilot seine tierischen Triebe und Verhaltensmuster. Aufgrund der natürlichen Bedürfnisse nach Futter und Fortpflanzung funktioniert beim Menschen der Trick mit der Belohnung so gut wie bei einem dressierten Schimpansen. Werden wir für etwas belohnt, sind wir motiviert, diese Handlung zu wiederholen. So wie das Huhn mit dem Schnabel auf einen Schalter tippt, wenn es daraufhin ein Korn erhält.

Der Trick mit dem Korn

Doping für die Willenskraft nicht vergessen. Belohnen Sie sich!

Belohnungen dosieren

Wollen wir uns motivieren, müssen wir uns also selbst belohnen. Essen, Alkohol, Drogen und Sex sind nicht die besten Belohnungen. Sie können der Verdrängung dienen und vor allem in exzessivem Maße suchtfördernd sein. Manch ein Flugkapitän soll schon ein Abenteuer mit seiner Lieblingsstewardess in der Luft ausgelebt haben. Davor ist strikt zu warnen. Übertreiben Sie Ihre Belohnungen nicht. Gefährden Sie Ihren Flug nicht durch ein ausuferndes Abenteuer (zum Beispiel mit Ihrem Prüfer) oder anderen nervenaufreibenden Affären. Die folgenden typspezifischen Belohnungen sollen Ihnen Ideen geben, wie Sie sich am besten für Ihre Arbeit belohnen können.

Individuelle Tipps zur Belohnung

Passagiermaschine
Musizieren Sie im Orchester oder in einer Band, treiben Sie Sport in der Gruppe oder Mannschaft oder treffen Sie sich mit Freunden.

Segelflieger
Entspannen Sie in der Badewanne, sehen Sie sich eine DVD an, hören Sie Musik, schreiben Sie Briefe, musizieren Sie allein.

Jumbojet
Lesen Sie die Tageszeitung oder eine Wochenzeitschrift. Sehen Sie sich einen aktuellen Kinofilm oder eine erfolgreiche Theater- oder Operninszenierung an.

Raumschiff
Lassen Sie sich etwas Neues beibringen. Nehmen Sie dazu Unterricht, Privatstunden oder lernen Sie autodidaktisch. Das kann eine Sportart, eine künstlerische Tätigkeit, eine berufliche Qualifikation etc. sein. Oder einfach etwas, das Ihre Allgemeinbildung verbessert; belegen Sie zum Beispiel ein Cognac-Seminar oder einen Erste-Hilfe-Kurs.

Rettungshubschrauber
Belohnen Sie sich, indem Sie sich in das Prüfungsthema vertiefen, das Ihnen Spaß macht. Legen Sie die anderen Unterlagen zur Seite und widmen Sie sich in Ruhe Ihrem Lieblingsgebiet.

Heißluftballon

Kümmern Sie sich um andere Menschen, helfen Sie ihnen durch einen Besuch oder ein Gespräch. Machen Sie jemanden glücklich durch eine Aufmerksamkeit, ein Lächeln, eine nette Geste.

Düsenjet

Fertigen Sie ein Produkt an, an dem Sie Freude haben. Das kann ein Modellauto, eine kleine Skulptur, eine Lego-Geburtstagstorte, selbst gemachte Pasta, neue Vorhänge, ein Computerprogramm, eine Foto-Kollage, ein selbst genähter Rock etc. sein. Lösen Sie Kreuzworträtsel oder reparieren Sie etwas.

Drachenflieger

Sie sind sehr einfallsreich und belohnen sich bereits sehr gut. Da Sie sich gern auf neue Situationen einlassen, wäre vielleicht Improvisationstheater etwas für Sie. In vielen Städten gibt es Amateurgruppen. Sehen Sie es sich an und gründen Sie eine eigene Gruppe oder fragen Sie, ob Sie mitspielen dürfen (Buchtipp: Johnstone, 2002).

Die Macht der Rituale – Feste Abläufe vor dem Abflug
Jeder Pilot macht vor dem Abflug einen Check seines Flugzeugs. Dabei läuft er um das Flugzeug herum und kontrolliert fest vorgeschriebene Punkte. Nichts hält ihn von diesem Ritual ab.

Gewöhnen Sie sich Rituale an. Das können bei jeder Persönlichkeit unterschiedliche Gewohnheiten sein. Auf diese Weise wird das Lernen zu einem normalen Bestandteil Ihres Tagesablaufes und Lebens.

Individuelle Tipps zur Motivation

Passagiermaschine

Posaunen Sie Ihr Ziel überall herum. Jeder Bekannte und Verwandte sollte von Ihrer Prüfung wissen. Damit setzen Sie sich selbst unter Druck und motivieren sich zu einer gründlichen Vorbereitung. Wer könnte jetzt faul herumsitzen, wenn er weiß, dass ihn bald jeder nach dem Prüfungsergebnis fragen wird?

Segelflieger

Führen Sie feste Rituale ein. Beginnen Sie zum Beispiel immer zur gleichen Zeit mit dem Lernen. Nehmen Sie immer einen Tee oder eine Wasserflasche an

Ihren Schreibtisch, machen Sie zur gleichen Zeit Pause und beginnen Sie danach wieder zur gleichen Zeit. Nachdem Sie diese Rituale eingeführt haben, wird Ihnen das Anfangen automatisch leichter fallen. Der Mensch ist schließlich ein Gewohnheitstier.

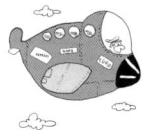

Jumbojet

Erstellen Sie regelmäßig eine Liste mit Ihren persönlichen Werten. Was hat für Sie oberste Priorität? Familie? Karriere? Freizeit? Freundschaften? Überprüfen Sie, ob zwei Werte momentan sehr weit oben stehen, die sich möglicherweise ausschließen. Was ist Ihnen wirklich wichtig? Eine genaue Anleitung zum Erstellen Ihrer wahren Prioritäten-Liste finden Sie bei Michael LeBoeuf (1991, S. 49ff.).

Raumschiff

Stellen Sie sich vor jeder Herausforderung Ihren Erfolg vor. Sehen Sie sich, wie Sie die Prüfung meistern, das Prüfungsergebnis erfahren, wie Sie Ihr Diplom entgegennehmen, wie Sie es Ihrem Lebenslauf beifügen oder einrahmen … Die Kraft dieser inneren Vorstellung ist unglaublich stark. Viele Olympiasieger in der Leichtathletik sahen ihren Gold-Sprung oder ihren Wurf vorher genau vor sich. Sie sahen sich auch schon auf dem Siegertreppchen, hörten bereits ihre Nationalhymne, nahmen den Scheck mit der Siegprämie entgegen und gaben im Geiste Sieger-Interviews.

Rettungshubschrauber

Stellen Sie sich gelegentlich Ihr eigenes Begräbnis vor. Was sollen Ihre Freunde und Angehörigen über Sie sagen? Wie möchten Sie in Erinnerung bleiben? Als fauler, frustrierter, unmotivierter, erfolgloser Mensch? Als Person ohne Ziele? Eine genaue Anleitung für zielbewusstes Handeln finden Sie bei Stephen R. Covey (2008, S. 111f.).

Heißluftballon

Meiden Sie Neider. Umgeben Sie sich mit Menschen, die sich mit Ihnen über Ihre Erfolge freuen werden. Missgunst ist leider weit verbreitet. Sie wirkt hemmend und lähmend.

Düsenjet

Wenn Sie einmal keine Lust zum Lernen haben, dann stellen Sie sich die Frage: Werde ich es bereuen, wenn ich jetzt nichts tue? Es kann sein, dass Sie die Frage mit Nein beantworten, da Sie wirklich eine Pause brauchen oder sich lange nicht mehr belohnt haben. Dann tun Sie auch nichts! Sollten Sie die Frage mit einem Ja beantworten, dann überwinden Sie Ihren inneren Schweinehund und setzen sich an die Arbeit. Das schlechte Gewissen würde Ihnen sowieso die Freude an jeder anderen Betätigung nehmen.

Drachenflieger
Wenn Sie Ihr Lernpensum an einem Tag aus welchen Gründen auch immer nicht abarbeiten können, dann machen Sie wenigstens einen Teil. Gehen Sie fünf Karteikarten durch, wiederholen Sie 20 Vokabeln oder Ähnliches. Damit erhalten Sie Ihren Rhythmus. Eine völlige Unterbrechung des Rhythmus führt leicht dazu, dass Sie nicht mehr hineinfinden.

Allgemeine Tipps

1. **Ihre persönlichen Motivationsfallen erkennen.** Wozu wollen die himmlischen Wesen Sie überreden?
2. **Sich regelmäßig für erreichte Teilziele belohnen.**
3. **Belohnungen richtig dosieren.** Ausufernde Belohnungen für die Zeit nach der Prüfung aufsparen.
4. **Den Lerntag mithilfe von Ritualen strukturieren.** Das erleichtert das Anfangen und Durchhalten.
5. **Neider meiden!**

Die Zeit managen – Logistik eines Fluges

Sie sind mental auf Ihren Lernstoff eingestellt, motiviert und wissen genau, was bis zur Prüfung zu tun ist? Dennoch sind Sie unzufrieden, denn es mangelt Ihnen an Zeit? Besonders in der Weiterbildung ist das nicht nur ein Gefühl, sondern eine Tatsache. Die tägliche Lernzeit ist knapp und deshalb plagt viele Lerner ein dauerhaft schlechtes Gewissen.

Die Zeit ist knapp?

Schon die Unterscheidung, welche Tätigkeiten wichtig und welche dringend sind, wird Ihnen mehr Zeit zur Prüfungsvorbereitung bescheren.

> **Mit 20 % der Tätigkeiten erreicht man 80 % der Ergebnisse.**

Das Pareto-Prinzip

Es handelt sich bei dieser Aussage um die Übertragung des sogenannten Pareto-Prinzips auf das Zeitmanagement. Wenn Sie herausfinden, welche Tätigkeiten zu den 20 % gehören, dann kommen Sie schnell voran. Nach kurzer Zeit haben Sie bereits 80 % der Ergebnisse. Wie finden Sie die Tätigkeiten heraus, die zu 80 % der Ergebnisse führen? Dazu ist es erforderlich, *dringend* und *wichtig* zu unterscheiden: „Dringend heißt, etwas bedarf sofortiger Aufmerksamkeit […]. Ein klingelndes Telefon ist dringend" (Covey, 2008, S. 167f.). Das Dringende bedrängt uns, ist jedoch oft unwichtig. Wichtig ist das, was Sie im Leben voranbringt. Es bringt Sie Ihren Zielen oder der Umsetzung Ihrer Werte näher.

Die Prüfungsvorbereitung ist beides: wichtig und dringend. Aus diesem Grund verlangt sie höchste Priorität, denn sie gehört zu den 20 % der Tätigkeiten, die Sie um 80 % voranbringen. Wie sind Ihre anderen täglichen Tätigkeiten einzuschätzen? Dies lässt sich am leichtesten mit dem Eisenhower-Prinzip ermitteln. Angeblich ordnete der amerikanische Präsident seine Aufgaben in folgende vier Gruppen mit den dazugehörigen Verhaltensweisen:

Art der Aufgabe	Ihre Reaktion zum Zeitsparen
1. wichtig und dringend	noch heute erledigen
2. wichtig, nicht-dringend	heute erledigen oder Termin dafür festlegen
3. nicht-wichtig, dringend	an jemanden delegieren
4. nicht-wichtig, nicht-dringend	zu ignorieren, bei Zeitüberschuss ansehen

Übung

Notieren Sie alle wöchentlichen Aufgaben und Arbeiten, die bei Ihnen anstehen. Weisen Sie dann jeder Aufgabe die Nummer Ihrer Priorität zu. Sie sehen nun, was zu tun ist.

Aufgabe   **Nummer**

_____

_____

_____

Dabei stellen meine Seminarteilnehmer oft die Frage, wie und an wen sie Aufgaben delegieren sollen. In der Weiterbildung ist das ein wesentlicher Aspekt. Sie können eine Doppelt- oder Dreifachbelastung nur auf Dauer aushalten, wenn Sie Aufgaben abgeben.

Übertragen Sie Aufgaben und Verantwortung an andere.

Da Mütter und Väter in der Weiterbildung ganz besonders unter Zeitmangel leiden, richten sich viele der folgenden Tipps speziell an Eltern.

Individuelle Tipps zum Delegieren und zu weiterer Selbstentlastung

Passagiermaschine
Fahrgemeinschaften mit anderen Eltern bilden, in der Kinderbetreuung abwechseln.

Segelflieger
Den Kindern Verantwortung übertragen, z. B. für eigene Termine und das Geschwisterkind (nicht überstrapazieren!).

Jumbojet
Ein Großeinkauf pro Woche statt mehrerer Einkäufe. Vorräte anlegen. Müsli mit H-Milch statt frisches Brot essen. Sehen Sie sich Ihre Aufgaben noch einmal an und prüfen Sie, ob sich einige bündeln lassen. Sie können dadurch z. B. Fahrtwege sparen.

Raumschiff

Häusliche Aufgaben an Familienmitglieder bzw. Mitbewohner delegieren. Nutzen Sie Ihre Ressourcen. Greifen Sie bei jeder Gelegenheit auf das zurück, was Sie bereits können oder besitzen. Nehmen Sie z. B. als Wahlgebiet das Thema, zu dem Sie bereits ein Referat gehalten haben.

Rettungshubschrauber

Putzhilfe einstellen. Getränke liefern lassen oder auf Leitungswasser umsteigen. Bügelfreie Hemden und Blusen kaufen.

Heißluftballon

Vereinstätigkeiten, Ehrenämter und ähnliche Verpflichtungen in der Phase der Weiterbildung aussetzen oder mit jemandem teilen.

Düsenjet

Kinder über das Wochenende zu Freunden, Paten oder Großeltern geben.

Drachenflieger

Einkaufsgemeinschaft bilden, z. B. mit Nachbarn. Mal bringen Sie Ihrem Nachbarn frische Waren mit, mal umgekehrt.

Allgemeine Tipps

1. **Ermitteln Sie die Tätigkeiten, die wichtig und dringend sind.**
2. **Delegieren Sie Aufgaben.**

4. Das Lernen
oder: So fliegen Sie Ihr Flugobjekt

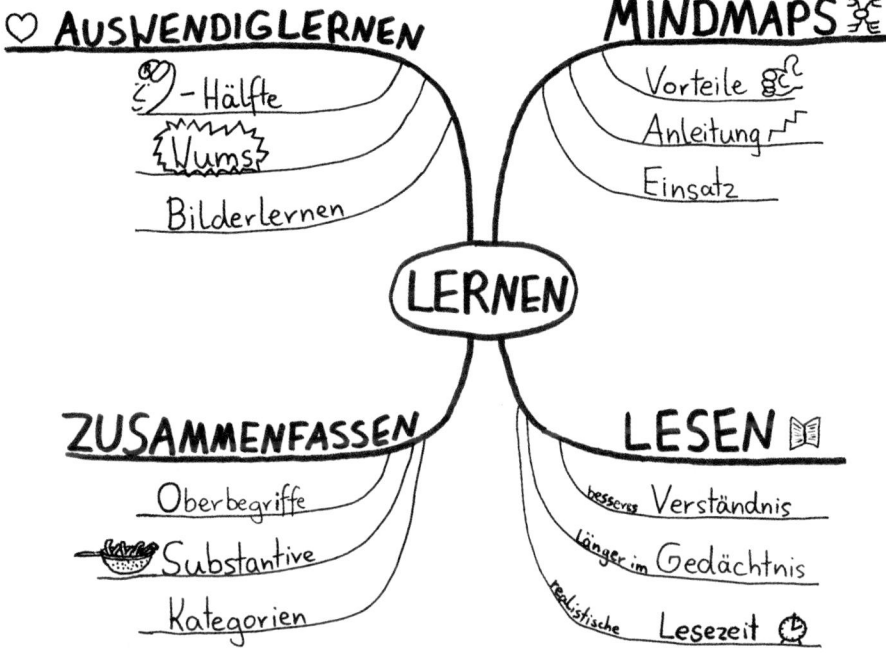

Über welche praktischen Fähigkeiten verfügen Piloten? Der Pilot führt sorgfältig ein Flugbuch, in das er seine Flüge einträgt. Außerdem beherrscht er die Kunst des Funkens. Schließlich ist nur über Funk der Kontakt zum Tower möglich! Auch hat er viele Abläufe so verinnerlicht, dass er sie automatisch und blitzschnell ausführen kann – ohne zu überlegen.

Praxis pur! Sie trainieren im Folgenden die wesentlichen Fertigkeiten eines Piloten. Wie wird ein Flugbuch effizient geführt? In diesem Teil werden verschiedene Lernformate vorgestellt und es wird ins Mindmapping eingeführt. Das Funken wird ebenfalls in vielen Übungen und Experimenten geübt. Zahlreiche Aha-Erlebnisse werden Ihre Art zu lesen und zu schreiben nachhaltig verbessern. Dem Auswendiglernen ist auch ein eigener Teil gewidmet. Hier erlernen Sie neue Techniken, die das Memorieren abwechslungsreich und effizient machen. Alle Techniken nutzen die Erkenntnisse der Gehirnforschung und sind deshalb besonders wirksam. Auf theoretische Ausführungen wird in diesem Kapitel weitgehend verzichtet. Die dargestellten Fertigkeiten erlernt man nur durch das Ausführen!

Die Unterlagen – Das Flugbuch

Vollständige, lesbare, sortierte und korrekte Unterlagen erleichtern die Arbeit. (Akronym: Voll Soko)

In diesem Satz steht nichts Neues. Jeder weiß, dass es sich mit ordentlichen Unterlagen besser lernt. Dennoch geht es vielen Lernpiloten so, dass nur ein Teil ihrer Zettel in Ordnern abgeheftet ist. Sie können mit ihren Mitschriften nicht viel anfangen und müssen ihre Notizen erst mühsam abschreiben, um damit lernen zu können. Die Unterlagen wachsen wie Schimmelpilze in chaotischen Haufen. Noch dazu verbringen die Piloten viel Zeit mit F&S, Fluchen und Suchen.

Schluss mit Fluchen und Suchen

Die Checklisten dieses Kapitels helfen Ihnen, gezielt Ihre Ordnerführung und Arbeitsplatzorganisation zu verbessern. Es werden Ihnen Vorteile verschiedener Ordnungssysteme und Lernformate aufgezeigt, sodass Sie sich bewusst für die passenden entscheiden können. Außerdem werden Sie eine Technik des Notizen-Machens kennenlernen und ausprobieren. Diese Technik hat einen wahren Boom ausgelöst und wird in vielen Büchern und auch als Computerprogramm verkauft. Der Grund dafür ist, dass sie für alle Flugzeugtypen geeignet ist! Es handelt sich um das Mindmapping.

Wer kann mit unordentlichen Unterlagen lernen? Sehr oft habe ich es erlebt, dass Studierende nicht lernten oder alles hinwarfen, weil ihre Unterlagen falsch, unverständlich oder unübersichtlich waren. Und sie hatten Recht. Denn mit schlechten Unterlagen zu lernen, ist reine Zeitverschwendung. Mit unübersichtlichen Unterlagen können nur Menschen lernen, die eine sehr hohe Frustrationsgrenze haben. Und auch sie vergeuden dadurch viel Zeit und Energie!

Die Lernunterlagen
Neben dem Logbuch des Flugzeugs führt jeder Pilot sein eigenes Flugbuch. Darin trägt er seine Flüge ein, um seine Flugstunden nachzuweisen. Nur so kann die Pilotenlizenz verlängert werden. Das Flugbuch ist übersichtlich aufgebaut. Die Eintragungen sind lesbar, korrekt und vollständig, denn das Buch ist ein wichtiges Dokument. Piloten füllen es gewissenhaft aus und passen gut auf ihren Schatz auf!

Zaubertrick Behandeln Sie Ihre Lernunterlagen ähnlich liebevoll und mit der gleichen Hochachtung. Denn sie bilden die Grundlage Ihrer Arbeit! Eines ist für Ihr Unterbewusstsein jedoch sehr wichtig: Beim Essen, Schlafen und Entspannen sollten Sie Ihre Unterlagen nicht sehen! Die einfachste Möglichkeit bei wenig Wohnraum ist, ein Tuch über den Schreibtisch zu decken. So können Sie alles wegzaubern und dennoch schnell weiterlernen, ohne ständig aufzuräumen. Auch ein bodenlanges Rollo, ein Vorhang oder Paravent erfüllen diesen Zweck gut.

In den folgenden Checklisten finden Sie Tipps, wie Sie kostbare Zeit sparen, Ihre Nerven schonen und auf dem Kurs bleiben.

Checkliste: Lernunterlagen

☐ **Platz schaffen für die aktuellen Lernunterlagen:** Wo stellen Sie die Bücher gut greifbar hin? Wie bewahren Sie die Ordner auf?

☐ **Festen Platz für Ordner und Bücher bestimmen:** Nur so können sie leicht weggeräumt und gefunden werden.

☐ **Unterlagen sinnvoll strukturieren:** Nicht tackern! Neusortierung sollte leicht möglich sein!

☐ **Vollständigkeit überprüfen:** Vergleich mit Mitlernern

☐ **Richtigkeit überprüfen:** Betrifft vor allem die Mitschriften

Checkliste: Ordnerführung

☐ **Blätter in sinnvoller Reihenfolge ordnen**

☐ **Mit Farben Wichtiges einrahmen und unterstreichen**

☐ **Seiten nummerieren:** So haben Sie immer den Überblick, wie viel Sie schon geschafft haben.

☐ **Leeres Blatt als Oberstes abheften:** Beim Lernen treten oft Unklarheiten und Nachfragen auf. Notieren Sie diese auf dem Blatt. Vieles klärt sich von allein, den Rest fragen Sie einen Experten.

☐ **Das Wichtigste zusammenfassen:** Als Überblicks-Schema, in Form eines längeren Textes oder auf Karteikarten

☐ **Themen übersichtlich gestalten:** Legen Sie für jedes Thema einen eigenen Schnellhefter an oder benutzen Sie Trennstreifen.

Oben wurden zwei wesentliche Formate genannt, die sich für die Lernunterlagen bewährt haben: Karteikarten und Übersichts-Schemata. Hinzu kommt noch das Vokabelheft, das für einige Lerner gut geeignet ist. In diesem kleinen Heft können Sie nicht nur Vokabeln, sondern auch Formeln, Merksätze, Definitionen und Begriffserläuterungen notieren. Es wird also zum Merkheft. Jedes Format hat seine Vorteile:

Lernformate

Lernformate	Vorteile
Karteikarten	Können an jedem Ort durchgegangen werden (Bus, Bahn, etc.) Es können gezielt die Karten wiederholt werden, bei denen Sie Schwierigkeiten hatten. Schon beim Schreiben prägen Sie sich die Inhalte ein.
Schemata	Schon beim Erstellen werden Ihnen die Zusammenhänge klar. Sie bekommen und behalten den Überblick. Sie beziehen Ihre rechte Gehirnhälfte ein und speichern das Wissen dadurch nachhaltig.
Merkheft	Sie haben alles Wichtige in einem Heft. Die Umgebung prägt sich mit ein. Das heißt, Sie erinnern sich vielleicht in der Klausur: „Das stand doch unten links." Sie knüpfen an alte Lerngewohnheiten an und müssen sich nicht umstellen.

Die Mindmap

Die Mindmap ist für das Lernen besonders gut geeignet. Mit einer Mindmap (Landkarte des Geistes) können Fakten, Ideen, Konzepte, Informationen, Problemstellungen und jegliche Art von Gedanken strukturiert dargestellt werden. Diese Methode hat mehrere Vorteile gegenüber anderen Arten des Aufschreibens, wie zum Beispiel Listen oder Texten.

Positive Einflüsse des Mindmappings auf Ihr Denken

■ Die rechte und linke Gehirnhälfte arbeiten zusammen. (Die rechte Gehirnhälfte schafft die visuelle Struktur, die linke liefert die Details.)

■ Das Konzentrationsvermögen wird erhöht.

■ Die Kreativität wird gefördert.

■ Das Gedächtnis wird verbessert.

■ Die Flexibilität des Denkens wird gefördert.

■ Die Schreibart entspricht in etwa dem natürlichen Denkvorgang.

■ Gedanken können besser entfaltet werden, da Ergänzungen jederzeit leicht eingefügt werden können.

Die Begründung für diese Wirkungen des Mindmapping können Sie im Kapitel 2 nachlesen.

Konkrete Vorteile der Mindmaps: Sie

- bieten gleichzeitig einen Überblick und die Details,
- können leicht ergänzt werden,
- sind sehr übersichtlich,
- sind vielfältig einsetzbar, zum Beispiel zur Lernplanung, für Vorträge und Referate, zum Zusammenfassen von Lernstoff, beim Exzerpieren, zum Gliedern eines Textes (zum Beispiel einer Klausur, eines Aufsatzes), für private Zwecke (Umzugs-, Urlaubs-, Hochzeitsplanung).
- Die Methode ist zeitsparend.
- Der Schreiber erkennt Zusammenhänge leichter.
- Man trainiert, sich auf das Wesentliche zu beschränken.
- Man trainiert, Oberbegriffe und Schlüsselwörter zu finden.

Kirckhoff fasst es so zusammen: „Mindmaps sind organisierte und methodisch strukturierte Schlüsselworte" (Kirckhoff, 2004, S. 2). Es gibt meiner Meinung nach kein besseres Buch, das in die Methode des Mindmappings einführt. Kirckhoff ist verständlich, liefert viele Beispiele und erläutert auch den wissenschaftlichen Hintergrund sowie die Tradition, in der das Mindmapping steht.
Grundlage des Mindmappings

Informationen, die ohne Struktur präsentiert werden, gehen leicht wieder verloren. Hier setzt das Mindmapping an.

Wer sich Gedanken über die Verknüpfung der Informationen macht, kann sie besser behalten.

Und wie geht das? Das Mindmapping ist eine andere Art, Dinge zu notieren. Für viele Teilnehmer ist das zunächst ungewohnt. Deshalb ist es wichtig, diese Methode Schritt für Schritt zu erlernen. Um bei der Flugmetapher zu bleiben: Sie lernen jetzt das Schalten. Vom ersten Gang werden Sie nach und nach in den vierten hochschalten. Als guter Pilot wollen Sie doch nicht im höchsten Gang starten!
Anleitung zum Schalten

Übung 1. Gang: Nehmen Sie ein unlinertes DIN A4 Blatt. Legen Sie es quer und schreiben Sie in die Mitte des Blattes das Wort: ROT. Kreisen Sie das Wort ein. Jetzt schreiben Sie alles, was Ihnen zu ROT einfällt auf Strahlen, die vom Zentrum weggehen. Es entsteht eine Art Sonne. Nach ungefähr acht bis zehn Begriffen können Sie die Übung abbrechen.

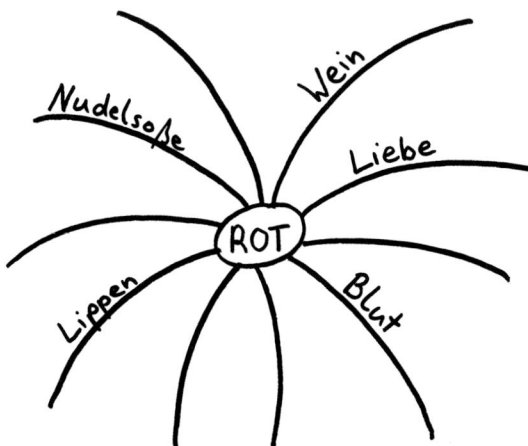

Sie haben gerade ein zentrales Kriterium des Mindmapping geübt. Sie haben die Begriffe auf Strahlen geschrieben! Betrachten Sie nun Ihre Mindmap. Welche Wortart haben Sie automatisch am meisten verwendet? Richtig, Substantive. Wie Sie im Kapitel 4 erfahren werden, steckt der größte Gehalt in den Hauptwörtern. Sie transportieren den meisten Inhalt und bleiben deshalb im Gedächtnis-Sieb hängen.

Ein Substantiv pro Strahl!

Mit der nächsten Mindmap gewöhnen Sie sich daran, in Druckbuchstaben zu schreiben. Druckbuchstaben prägen sich am besten beim Betrachter ein. Das zeigen Studien zur Plakat- und Printwerbung. Außerdem machen Druckbuchstaben die Mindmaps übersichtlich und gut lesbar.

2. Gang: Schreiben Sie in die Mitte eines DIN A4 Blattes das Wort: WALD. **Übung**
Notieren Sie wieder auf Strahlen, was Ihnen zu diesem Thema einfällt. Wenn
Ihnen zu einem Begriff etwas Weiteres einfällt, dann schreiben Sie es auf einen
Unterast. Verwenden Sie für die Hauptäste GROSSDRUCKBUCHSTABEN und
auf den Unterästen Groß- und Kleinbuchstaben. Gehen Sie spielerisch an
diese Aufgabe heran. Setzen Sie dort an, wo Ihnen etwas einfällt. Sie können
auch noch ein Blatt anlegen. Das ist ein Spiel ohne Grenzen. Wenn Ihr Blatt gut
gefüllt ist, brechen Sie diese Übung ab.

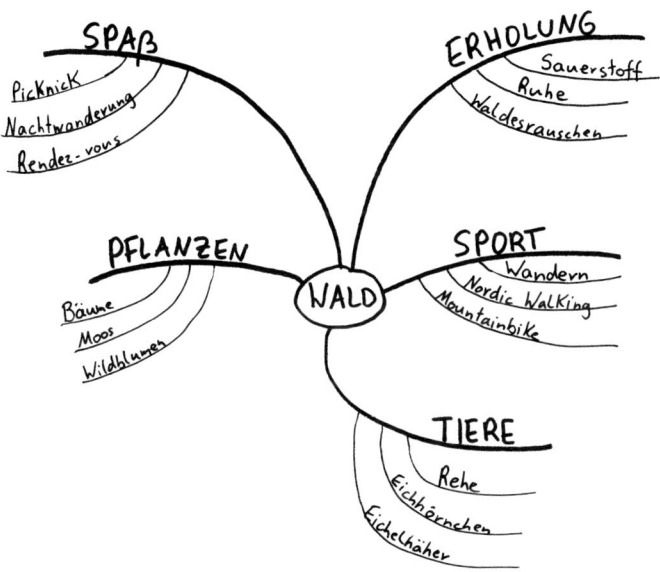

Glückwunsch! Sie haben Ihre erste Mindmap erstellt. Es ist gut
möglich, dass es für Sie noch etwas ungewohnt war. Vielleicht
haben Sie noch nicht durchgehend die GROSS- und Kleinschreibung eingehalten?

Automatisch sind Sie vom Abstrakten zum Konkreten gekommen.
Dabei stehen abstrakte Begriffe auf den Hauptästen, konkrete auf
den Unterästen.

Einige Seminarteilnehmer schreiben nicht auf die Äste. Sie notieren die Begriffe stattdessen am Ende von Ästen. Diese Variante heißt Clustering. Die Cluster lassen keine so deutliche Struktur erkennen wie Mindmaps. Deshalb sind sie zum Lernen meines Erachtens weniger geeignet und ich stelle sie hier nicht im Detail vor. Bei Interesse lesen Sie in dem Standardwerk zum Clustering nach (Rico, 2007, S. 27–49).

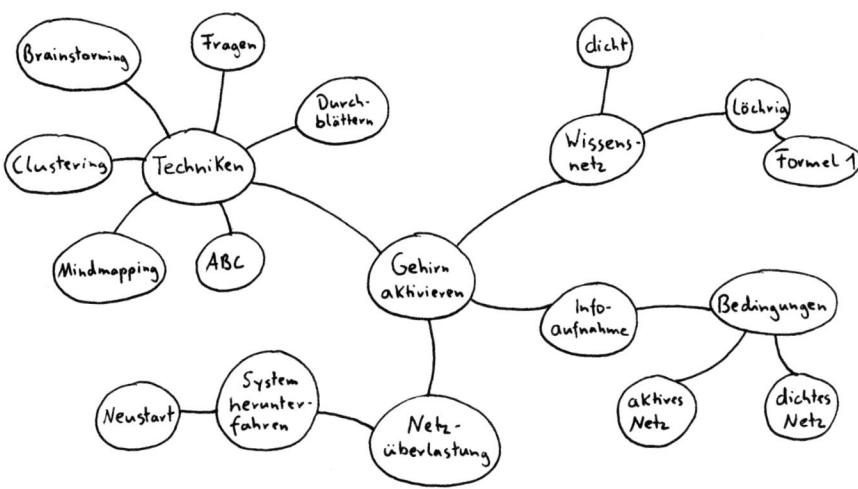

Sie kennen jetzt die wichtigsten Regeln des Mindmappings. Um sich an diese Methode zu gewöhnen und Ihre eigene Mindmap-Handschrift zu entwickeln, sind ungefähr noch drei Mindmaps nötig. Entscheiden Sie danach, ob diese Methode für Sie geeignet ist und für welche Zwecke Sie diese einsetzen wollen.

Hinweis: Für die Übersichtlichkeit sind vier bis fünf Hauptäste ideal, sechs bis sieben gehen noch und ab acht wird es chaotisch.

Vier bis fünf Hauptäste sind optimal.

3. Gang: Notieren Sie nun als Thema einen schönen Urlaub, den Sie vor Län-   **Übung**
gerem gemacht haben. Das kann eine Klassenfahrt, die erste Reise ohne Eltern,
das Zelten bei einem Musikfestival, eine Interrailtour, eine Pilgerfahrt, eine Städ-
tereise, die Reise zum Kirchentag, ein Cluburlaub oder eine Vereinsfahrt sein.
Sollten Sie noch keinen schönen Urlaub in Ihrem Leben gemacht haben, dann
notieren Sie ein anderes schönes Erlebnis.

Erstellen Sie nun eine Erinnerungs-Mindmap. Notieren Sie alles, was Ihnen zu
diesem Urlaub einfällt. Achten Sie auf die Groß- und Kleinschreibung und auf
die Haupt- und Unteräste. Nehmen Sie sich ausreichend Zeit und ein möglichst
großes weißes Blatt Papier. Ideal wäre DIN A3 oder die Rückseite eines großen
Kalenderblattes.

Wie ist es Ihnen ergangen? Die häufigste Bemerkung meiner Semi-   **Fluggefühl**
narteilnehmer ist, dass sie sich an Details erinnerten, die sie vergessen glaubten. Wenn ich frage, wie sich die Teilnehmer beim Mindmapping fühlen, ist die Antwort meistens: gut. Das liegt daran, dass
diese Form des Aufschreibens ihrem Gehirn gerecht wird. Ihre Erinnerungen kommen unsortiert an die Oberfläche des Bewusstseins
und in einer Mindmap finden Sie immer einen Platz dafür. Wenn
Sie sich noch nicht so wohlfühlen, liegt das wahrscheinlich daran,
dass die Technik noch ungewohnt ist.

**Der Einsatz von Farben, Bildern und Symbolen entlastet die
linke Gehirnhälfte.**

Bevor Sie gleich in den vierten Gang schalten, erinnern Sie sich noch
einmal an die Regeln.

So nicht!

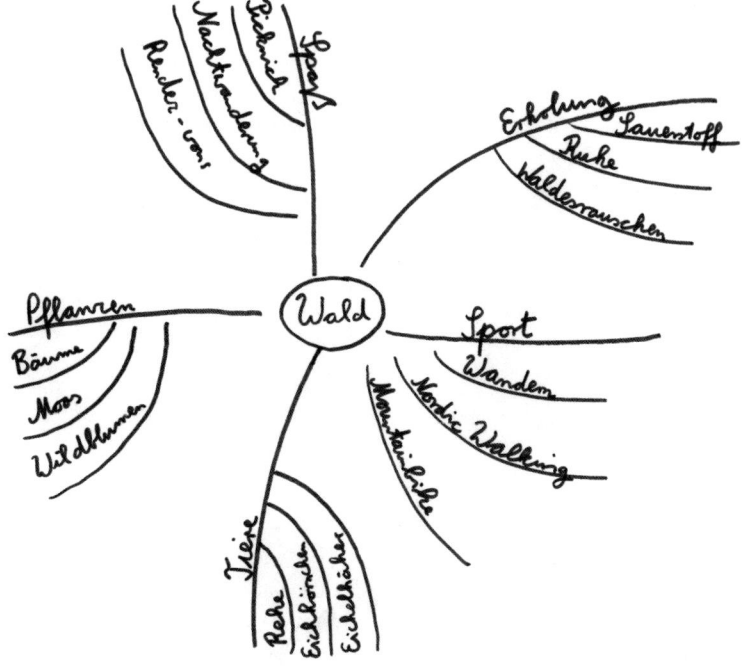

Übung Wo stecken die vier Fehler in der obigen Zeichnung?
Die Lösung finden Sie im Lösungsteil (Seite 177).

Checkliste: Mindmapping

> ▣ **Papier:** großes Format (mind. DIN A4, DIN A3, Kalenderblätter, Pack-
> papier, Tapetenrückseite), Querformat
> ▣ **Schrift:** GROSSDRUCKBUCHSTABEN auf Hauptästen, Kleinbuch-
> staben auf Unterästen, Schrift lesbar, d. h. nicht auf dem Kopf schrei-
> ben
> ▣ **Wörter:** Substantive, nur ein Wort pro Ast (wenn möglich!), Abstrak-
> tes auf die Hauptäste, Konkretes auf die Unteräste
> ▣ **Visuelles:** Äste müssen Kontakt miteinander und mit dem Thema
> haben, Farben, Symbole, Bilder verwenden

Übung

4. Gang: Erstellen Sie eine Mindmap für Ihre bevorstehende Prüfung.
Hier einige Anregungen:

▨ Planung: Notieren Sie Ihren Streckenplan bis zur Prüfung, für die nächste
Woche oder für morgen.

▨ Zusammenfassung: Notieren Sie den Inhalt eines Aufsatzes, eines Kapitels
oder eines Buches.

▨ Aktivierung des Gehirns vor dem Lernen: Notieren Sie in einer Mindmap
alles, was Ihnen zu dem Thema einfällt, das Sie wiederholen oder in das Sie
sich gleich vertiefen wollen.

▨ Gliederung: Stellen Sie ein komplettes Themengebiet in einer Mindmap dar.
Aus welchen Teilen setzt sich Ihr Prüfungsthema zusammen? Stellen Sie die
Verknüpfungen der Teilgebiete dar.

Erfahrungen aus der Praxis

Damit Sie in Zukunft erfolgreich mit Mindmaps arbeiten können,
möchte ich Ihnen noch einige Tipps aus der Praxis geben:

Schwerpunktverschiebung: Es ist möglich, dass sich auf einer Seite
des Blattes ein Schwerpunkt bildet. Dann steht das eigentliche
Thema nicht in der Mitte. Sie haben dadurch das wahre Thema ent-
larvt! Oder es gibt zwei. Dann zeichnen Sie einfach zwei Mindmaps!

Was tun bei Ideenstopp? Häufig stellt sich ein Ideenstopp ein. Das ist
völlig normal, denn Sie aktivieren zunächst die obere Schicht Ihres
Wissensnetzes (vgl. Kapitel 3). Um die tieferen Schichten anzuzap-
fen, bedarf es etwas Geduld. Auf die ersten Gedanken folgt zwangs-
läufig eine kurze Flaute, danach sprudeln die Ideen und Gedanken
wieder.

Alles ist erlaubt! Intuitiv zeichnen viele Schüler Verbindungslinien
zwischen den Ästen. Damit zeigen sie, dass zwei oder drei Äste
zusammengehören. Oft werde ich gefragt, ob das erlaubt sei. Erlaubt
ist alles, womit Sie gut lernen! Das gilt generell für alle Lerntechniken und Tipps dieses Buches. Es kann je nach Zweck der Mindmap sinnvoll sein, sie noch einmal neu zu zeichnen. Bei einer Ideen-
sammlung oder der Gliederung eines Aufsatzes ist das nicht nötig.
In diesen Fällen genügt es, die Äste durchzunummerieren. Wenn
Sie sich jedoch Stoff einprägen wollen und die Mindmap Inhalte
zusammenfasst, wäre das Neuzeichnen angebracht.

Individuelle Tipps zum Schalten – Mindmapping

Passagiermaschine

Mindmaps sind für Sie ideal. Hier können Sie Ihrer Spontanität freien Lauf lassen und schnell Ihre Gedanken zu Papier bringen. Diese Technik ist wie für Sie geschaffen, da sie nicht schon alles bis zum Ende durchdacht haben müssen, bevor Sie etwas aufschreiben. Sie können Mindmaps auch zusammen mit anderen erstellen. Dazu eignet sich der Mindmeister auf http://www.mind-meister.com. Sie können sich und Bekannte dort kostenlos anmelden und gemeinsam via Internet Mindmaps erstellen und ergänzen. Natürlich geht es auch zu Hause mit einem großen Packpapier oder in der Kneipe mit Bierdeckeln.

Segelflieger

Typisch für Ihr Flugobjekt ist, dass Sie die Dinge erst in Ihrem Kopf durchdenken und dann notieren oder aussprechen. Insofern sind für Sie Planungs-Mindmaps und Inhalts-Mindmaps optimal. Nachdem Sie sich mit einem Thema beschäftigt haben, notieren Sie die Ergebnisse in einer Mindmap. Es wird bei Ihnen selten der Fall sein, dass Sie Mindmaps noch einmal abschreiben müssen.

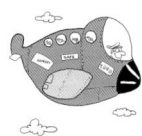

Jumbojet

Sie gehen gern Schritt für Schritt vor. Deshalb könnten Zwischenfragen Sie bei mündlichen Vorträgen oder Prüfungen aus dem Konzept bringen. Um dies zu vermeiden, erstellen Sie Gliederungs-Mindmaps. Sie geben Ihnen Flexibilität. Mit ihrer Hilfe haben Sie den Überblick über die verschiedenen Themen und können in Ihrem Konzept leicht vor- und zurückspringen.

Raumschiff

Die Verwendung von Farben, Bildern und Symbolen entspricht Ihrer Lernerpersönlichkeit besonders. Da Sie Metaphern mögen, werden Sie automatisch Bilder vor sich sehen. Auch Ihre innovative Ader können Sie in den Bildern und Symbolen ausleben. Zu jeder Mindmap werden Sie neue Bilder finden und Ihre Vorstellungskraft wird immer aufs Neue gefordert.

Rettungshubschrauber

Als analytischer Typ kommen Ihnen die Mindmap-Computerprogramme entgegen. Es gibt mittlerweile eine Flut von Programmen, darunter auch viele, die Sie sich kostenlos herunterladen können. Am weitesten verbreitet ist wohl der Mindmanager.

Heißluftballon

Sie machen sich gern beliebt in Ihrer Lerngruppe. Ihre Mitlerner werden sehr dankbar sein, wenn Sie schöne Mindmaps erstellen, die den Lernstoff zusammenfassen. Saubere, richtige, übersichtliche, farbige Mindmaps sind für jeden Lerner ein Geschenk. Spätestens nach der Prüfung werden sie Ihnen dankbar sein. Dann haben sie erlebt, dass sich die Mindmaps tatsächlich ins Gedächtnis einbrennen.

Düsenjet

Sie kommen auch gut mit linearen Notizen wie Listen oder Texten zurecht. Deshalb sind Mindmaps für Sie besonders dann geeignet, wenn Ihnen einmal der Kopf raucht und Sie das Gefühl haben, es gehe nichts mehr hinein. Mit dem Mindmapping beziehen Sie Ihre rechte Gehirnhälfte ein und erweitern Ihre Denkkapazität.

Drachenflieger

Sie halten sich gern mehrere Optionen offen und legen sich ungern fest. Das Mindmapping kommt Ihrem Naturell entgegen, da Sie leicht noch etwas einfügen können. Nehmen Sie immer großes Papier und lassen Sie jeweils Platz für einen Reste-Ast. Dort können Sie Ihre nachträglichen Ideen eintragen.

Allgemeine Tipps

1. **Vollständige, lesbare, sortierte und korrekte Unterlagen zusammenstellen.** (Zu merken mit den Akronymen: Voll Soko)
2. **Sich Gedanken über die Verknüpfung der Informationen machen.**
3. **Beim Mindmapping beachten:**
   - **Ein Substantiv pro Ast!**
   - **Vier bis fünf Hauptäste sind optimal.**
4. **Farben, Bilder und Symbole verwenden und dadurch die linke Gehirnhälfte entlasten.**

Effizient lesen – Funksprüche verstehen

Der Funker sendet und empfängt Nachrichten mithilfe eines festen Codes. Dabei kommt es vor allem darauf an, dass er schnell und richtig arbeitet. Versteht er eine Nachricht falsch oder zu spät, kann es im Extremfall zum Zusammenstoß oder Absturz kommen.

Wie fähig sind Sie als Funker? Wie gut nehmen Sie Informationen aus Texten auf? Kreuzen Sie das auf Sie Zutreffende an. Denken Sie dabei an die Fachbücher, Artikel und Texte Ihres Prüfungsgebietes. Es geht hier nicht um Unterhaltungsromane oder Ihre Lieblingszeitschrift!

Selbst-einschätzung

Meine Leseerfahrungen

☐ Ich würde gern mehr von dem behalten, was ich lese.

☐ Meine Gedanken schweifen beim Lesen oft ab.

☐ Lesen langweilt mich.

☐ Ich muss viele Passagen mehrmals lesen, bis ich sie verstehe.

☐ Ich würde gern schneller lesen.

☐ Manchmal schlafe ich beim Lesen ein.

☐ Ich kann mich schlecht auf einen Text konzentrieren.

☐ Ich vergesse das Gelesene sofort.

Sollten Sie mindestens eine Aussage angekreuzt haben, machen Sie die nachfolgenden Experimente. Auf diese Weise werden Sie herausfinden, wo genau Ihre Schwierigkeiten liegen und wie Sie Ihre Lesefähigkeit verbessern können. Dabei werden Sie den einen oder anderen Aha-Effekt erleben. Spaß machen diese Experimente auch im Kreis von Freunden und Familie. Es hat sich gezeigt, dass nur die praktische Erfahrung wirklich hilft. Aus diesem Grund wird hier auf Theorie verzichtet.

Experiment 1
Lesen Sie die folgende Geschichte.

Übung

Ein Schnalz lunnte wuntiglich durch einen Hip. Da dunste er auf Humps Dumps und stipselte sich sehr. Dann flatzten Humps Dumps und der Schnalz miteinander. Anschließend tullten sie auseinander und der Humps grumpfelte und mumpfelte, da der Schnalz ihn gelackst hatte.

Beantworten Sie die Fragen. Überfliegen Sie bei Bedarf noch einmal die Geschichte.
a) Wer lunnte wuntiglich durch den Hip?
b) Auf wen dunste der Schnalz?
c) Was machte der Humps, nachdem er vom Schnalz getullt war?
d) Worum geht es in diesem Text? Fassen Sie das Geschehen präzise in ein bis drei deutschen Wörtern zusammen!

Die Lösungen finden Sie im Lösungsteil (Seite 178).

Wahrscheinlich konnten Sie die Fragen a) bis c) leicht beantworten und dennoch bei d) nicht genau sagen, worum es in diesem Text geht. Das liegt daran, dass der Text abstrakt ist und dass Sie die Bedeutung vieler Wörter nicht kennen. Genau darin liegt eine Ursache, weshalb Sie zum Lesen Ihrer Fachliteratur viel Zeit benötigen. Damit Sie einen Text vollkommen erfassen, müssen Sie die Bedeutung der einzelnen Wörter verstehen. Treten viele Ihnen unbekannte Begriffe auf, dann verstehen Sie nur grob, worum es geht. Es gibt beim Lesen zwei Verständnisstufen: das Grobverständnis und das Feinverständnis.

Grobverständnis reicht nicht immer

Lesen Sie nun zwei der möglichen Interpretationen dazu, was in der Geschichte passiert sein könnte:

Ein Räuber schlich leise durch einen Wald. Da traf er auf König Theodor und freute sich sehr. Dann kämpften König Theodor und der Räuber miteinander. Anschließend liefen sie auseinander und der König klagte und jammerte, da der Räuber ihn ausgeraubt hatte.

Ein Jüngling lief traurig durch einen Wald. Da traf er auf Jungfrau Viola und freute sich sehr. Dann schliefen Jungfrau Viola und der Jüngling miteinander. Anschließend gingen sie auseinander und der Jüngling jubelte und tanzte, da die Jungfrau ihn erwählt hatte.

Ergebnis 1
Wer die einzelnen Wörter versteht, hat den Durchblick.

Wenn Sie noch einmal an Humps Dumps und die beiden abgedruckten Interpretationen denken, sehen Sie, wie grob ein Grobverständnis sein kann. Von Raubüberfall bis Entjungferung ist alles in der Geschichte möglich! Sie benötigen das Feinverständnis, um mitreden zu können.

Experiment 2
Übung   Lesen Sie den folgenden Text einmal durch.

Es handelt sich um eine Tätigkeit, die jeder ausführen kann, die jedoch einer gewissen Fingerfertigkeit und einiger Übung bedarf. Einige Exemplare unserer Spezies können es besser als andere, wobei die Geschwindigkeit als Maßstab der Güte gezählt wird. Die selbst ernannten Profis benötigen nur den Bruchteil einer Sekunde für die richtigen Handgriffe. Im Zentrum der Handlung steht ein Objekt, welches einer bekannten physikalischen Größe entgegenwirkt. Es wird mit einer Hand oder mit zwei Händen bearbeitet. Dabei spielen zwei in der Regel metallene Vorrichtungen die entscheidende Rolle. Varianten in Plastik sind ebenfalls verbreitet. Der Einfluss von beispielsweise Leuchtstoffröhren kann den Vorgang möglicherweise beschleunigen. Sollte der Mechanismus einmal nicht sofort funktionieren, greifen Sie bitte nicht zu scharfen Hilfsmitteln. Es wäre doch schade um das schöne Objekt beziehungsweise seinen Benutzer!

114

Decken Sie den Text jetzt ab. Erzählen Sie nun den Vorgang nach. Versuchen Sie dabei die Reihenfolge einzuhalten und möglichst auch die Details wiederzugeben!

_____

_____

_____

_____

_____

Notieren Sie hier Ihre Vermutung, welche Tätigkeit in diesem Text beschrieben wird.
Es geht um _____.

Die wahre Überschrift dieses Textes lautet: *Das Öffnen eines Büstenhalters.* Lesen Sie den Text mit diesem Wissen noch einmal durch und ergänzen Sie Ihre Stichpunkte.

Der Text ist sehr abstrakt, weshalb Sie wahrscheinlich nicht herausgefunden haben, worum es geht. Kreuzen Sie an, was Ihnen für die Nacherzählung geholfen hätte:
a) das Foto eines BHs.
b) der Titel.
c) ein Schokoladenpudding mit Sahne.

a) und b) sind hilfreich, da sie das Thema angeben. Der Leser wüsste sofort, worum es geht und würde den Text besser aufnehmen können. Sie finden diese Punkte in der Checkliste am Ende dieses Kapitels. Zu c): Wenn Sie beim Lernen Lust auf Süßes verspüren, lesen Sie das Kapitel 3 (Belohnungen).

Ergebnis 2
Der Zusammenhang bzw. das Thema hilft beim Verstehen.

Experiment 3

Übung   Diese Übung ist besonders geeignet, wenn Sie sich in dem Thema „Sturm und Drang" nicht auskennen.

1. Lesen Sie aufmerksam die folgenden zwei Fragen durch.
a) Nennen Sie zwei Theaterstücke der Epoche des Sturm und Drang!

_____

_____

b) Wie bezeichnet man im Sturm und Drang einen Mann, der für seine Überzeugung kämpft?

_____

2. Beantworten Sie die beiden Fragen, indem Sie den folgenden Text lesen.

Die literarische Epoche des Sturm und Drangs

Die bevorzugte Gattung in dieser Epoche ist das Drama. Eine zentrale Forderung ist die freie Entfaltung des Gefühls. Eine weitere wichtige Grundhaltung ist die Verherrlichung des großen Kerls (zum Beispiel Goethes Figur des Götz im Theaterstück *Götz von Berlichingen* und Schillers Karl Moor in *Die Räuber*). Gemeint ist damit ein handelnder Mann, der für seine Überzeugung kämpft und für sein Handeln die Verantwortung übernimmt. In diesem Zusammenhang wurde der Begriff des „Kraftgenies" geprägt. Die Lyrik des Sturm und Drangs ist vorwiegend Erlebnislyrik. Strenge Formen werden in den Gedichten abgelehnt, wodurch es unter anderem zu unregelmäßigem Strophenbau und uneinheitlichen Metren kommt. Die Autoren thematisieren nicht mehr allgemein-menschliche Probleme, wie noch im Barock üblich, sondern lassen ihren individuellen Gefühlsregungen freien Lauf. Die Sturm-und-Drang-Bewegung oder „Geniezeit" bezeichnet ein neues, in dieser Zeit erwachendes Lebensgefühl, das sich gegen Konvention und Autorität richtet und in der Dichtung zu einer starken Betonung der Fantasie und des Gefühls führt. Falls Sie bis hierher gelesen haben, dann machen Sie sich gerade zu viel Arbeit oder Sie sind am Sturm und Drang interessiert.

3. Jetzt beantworten Sie bitte so schnell wie möglich auch noch folgende Fragen:

c) Wie sind die Strophen in den Gedichten des Sturm und Drangs aufgebaut?

_____

d) Wogegen richtet sich das Lebensgefühl der Stürmer und Dränger?

_____

Alle Lösungen finden Sie im Lösungsteil (Seite 178).

Fiel es Ihnen schwerer, die letzten beiden Fragen zu beantworten als die ersten zwei? Oder konnten Sie es vielleicht gar nicht, ohne noch einmal in den Text zu sehen? Was können wir daraus schließen?

Ergebnis 3
Wer sucht, der findet und behält.

Es werden die Informationen behalten, nach denen zuvor gesucht wurde. Diese Erkenntnis scheint banal, ist jedoch grundlegend und wird oft vernachlässigt. Wie Sie gemerkt haben, ist der Text voll von Informationen. Bei einer derartigen Informationsdichte sieht man den Wald vor lauter Bäumen nicht. So verhält es sich mit vielen Texten. Beim Funken wird nur das Wesentliche mitgeteilt. Doch die Fachbücher und Texte, mit denen Sie lernen, sind nicht speziell für Ihre persönlichen Bedürfnisse geschrieben. Deshalb müssen Sie nach den für Sie wichtigen Informationen suchen. Notieren Sie rechtzeitig vor dem Lesen einen Fragenkatalog.

Fragen Sie sich: Was soll mir der Text bringen?

Sie haben ganz nebenbei noch eine weitere wertvolle Erfahrung gemacht: Um langweilige Texte zu lesen und Informationen aus ihnen aufzunehmen, helfen Fragen. Während Sie nach den Antworten suchen, bleibt Ihr Gehirn aktiv. Es hat eine Aufgabe und diese Aufgabe weckt ausreichend Neugier, sodass Sie den Text durchlesen können, ohne mit den Gedanken abzuschweifen oder einzuschlafen.

> **Nebenergebnis:**
> Fragen zu beantworten, hält wach und konzentriert.

Experiment 4

Übung Gedankenexperiment: Notieren Sie ein Thema, in dem Sie sich gut auskennen. Es kann Ihren Beruf oder ein Hobby betreffen. Meine Seminarteilnehmer wählten bisher zum Beispiel: Musicals, die Formel 1, PC-Spiele, Autos, das englische Königshaus, Krankenversicherungen, deutscher Hip-Hop, ihr Heimatland, die Fußballbundesliga, ...

Ihr Thema: _____

Lesen Sie bitte erst weiter, wenn Sie ein Thema notiert haben. Lassen Sie sich dafür ruhig Zeit. Schließen Sie eventuell die Augen und besinnen Sie sich auf Ihre Interessen. Es lohnt sich, das Experiment mitzumachen. Auf diese Weise werden Sie selbst auf das nächste Ergebnis kommen!

Stellen Sie sich nun vor, Sie müssten ein Buch zu diesem Thema mit jemandem um die Wette lesen und würden anschließend zum Inhalt befragt. Wer zuerst die Fragen richtig beantwortet, erhält 10 Millionen Euro. Wen von Ihren Bekannten oder Verwandten würden Sie auswählen um diese Millionen-Wette locker zu gewinnen?

Ihr Wettgegner: _____

Wieso sind Sie sich so sicher, dass Sie schneller sein werden? Wodurch unterscheiden Sie sich von Ihrem Wettgegner?

_____

Lösung: Sie haben mehr Wissen auf diesem Gebiet. Dazu gehört, dass Sie zum Beispiel die Fachbegriffe kennen.

In engem Zusammenhang mit dem Vorwissen stehen natürlich auch das Interesse und die Motivation: Ohne Interesse und ohne Motivation kein Vorwissen. Sie lesen folglich umso schneller, je mehr Vorwissen Sie haben, je interessierter und motivierter Sie sind.

Die Zeit, die man zum Lesen und Verstehen braucht, nennen wir die Verstehenszeit. **Verstehenszeit**

Ergebnis 4
Wie schnell Sie einen Text verstehen, hängt von Ihrem Vorwissen ab.

Vielleicht haben Sie auch schon einmal von John F. Kennedys wunderbaren Lesekünsten gehört? Angeblich las er in 30 Minuten fünf Tageszeitungen. Es handelt sich dabei nicht um Magie, sondern er war einfach Experte und verfügte über enormes Vorwissen. Die politischen und wirtschaftlichen Entwicklungen kannte er bestens, hatte sie mitgestaltet, weshalb bereits ein Überfliegen der Artikel zum vollständigen Verstehen genügte. **John F. Kennedy**

Zurück zu Ihrer Wette: Wie lange würden Sie brauchen, um das Buch zu lesen und zehn Fragen dazu zu beantworten? Notieren Sie Ihre geschätzte Zeit in Stunden und Minuten:

Sind Sie erstaunt und wenden Sie vielleicht ein, dass Ihnen Informationen fehlen, um diese Frage zu beantworten? Dann haben Sie soeben herausgefunden, wovon die Verstehenszeit noch abhängt!

Ergebnis 5
Je einfacher der Text geschrieben und je einfacher der Sachverhalt ist, desto schneller lesen Sie.

Die Verstehenszeit hängt auch vom Text ab. Wie lang ist er? Ist er gut gegliedert? Wie komplex ist der Satzbau? Wie schwierig und komplex ist das Thema? Behagt Ihnen der Schreibstil?

Checkliste: Lesen

---

1. Vorwissen aktivieren

☐ Erstellen Sie ein Wissens-ABC (vgl. Kapitel 3, Drachenfliegertipp).

☐ Notieren Sie alles, was Ihnen zu diesem Thema einfällt, z. B. als Sonne oder Mindmap (Kapitel 4).

2. Ziele festlegen

☐ Ist das Grob- oder Feinverständnis Ihr Ziel?

☐ Welche Fragen haben Sie an den Text?

3. Grundgedanken erfassen

Überfliegen Sie

☐ Buchrückseite und Klappentext, Vorwort, Einleitung, Inhaltsverzeichnis, Titel, Überschriften, Abbildungen, Zusammenfassungen.

☐ bei kürzeren Texten: den ganzen Text.

4. Schwierigkeitsgrad des Textes und Lesedauer einschätzen

☐ Wie lange brauchen Sie um eine Seite zu verstehen?

☐ Wie lange werden Sie für den gesamten Text benötigen?

5. Text aktiv lesen

☐ Klären Sie Fremdwörter (mit *Duden 05: Das Fremdwörterbuch* oder dem Internet).

☐ Übersetzen Sie Fachwörter (mit Fachlexika, z. B. *dtv-Atlas Philosophie*).

☐ Markieren Sie die Antworten auf Ihre Fragen.

☐ Fassen Sie die wichtigen Abschnitte in einer Randnotiz oder auf einer Karteikarte zusammen!

☐ Unterstreichen Sie gezielt die Schlüsselwörter. Das sind die Wörter, die die wichtigsten Botschaften enthalten – oft sind es Substantive.

☐ Markieren Sie die Konjunktionen (z. B. da, weil, aber, denn, obwohl, damit, sodass). Diese geben den logischen Zusammenhang der Sätze an und machen die Argumentation nachvollziehbar.

Neben diesen allgemeinen Tipps, die Sie auch in den verschiedenen Büchern zum Thema Lesen finden (zum Beispiel Lutz von Werder, 1994), möchte ich Ihnen auch spezifische Tipps geben, die zu Ihrem individuellen Flugobjekt passen. Sie betreffen das Lesen des Textes selbst.

Individuelle Tipps zum Lesen

Passagiermaschine

Sie überfliegen einen Text spielend. Nachdem Sie sich auf diese Weise einen Überblick verschafft haben, treten Sie mit Ihrem Text in einen Dialog! Notieren Sie am Rand Fragen, die Ihnen während des Lesens kommen und lassen Sie auch Dampf ab. Wenn Sie etwas am Stil, der Argumentationsweise oder der Meinung des Autors stört, so schreiben Sie es an den Rand. Ein kurzes „Idiot!" oder ein gelangweiltes „blabla" am Rand bescherte schon vielen Passagier-Lernern Genugtuung und ausreichend Kraft zum Weiterlesen. Selbstverständlich kann auch ein „Genau!" oder ein lachendes Gesicht notiert werden.

Segelflieger

Nehmen Sie sich zum Lesen die Zeit, die Sie brauchen. Reduzieren Sie lieber die Anzahl der Texte, als dass Sie das Gefühl haben, unter Zeitdruck zu lesen. Das bedeutet, dass Sie Ihre Texte sehr sorgfältig auswählen sollten. Planen Sie das in Ihren Streckenplan ein (Kapitel 3). Das Überfliegen fällt Ihnen eventuell schwerer als das genaue Lesen. Suchen Sie sich am besten Helfer oder Zusammenfassungen, die Ihnen einen groben Überblick über die Texte geben.

Jumbojet

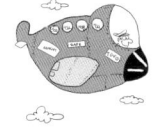

Beginnen Sie bei einem neuen Thema mit einem leicht geschriebenen Text und zu einem Zeitpunkt, an dem Sie besonders aufnahmebereit und konzentriert sind. Texte mit vielen neuen Fachbegriffen (wie über Humps Dumps) verwirren Sie möglicherweise und deshalb sollten Sie nicht mit diesen beginnen. Lesen Sie den Text mehrmals. Sie werden die Details und Beispiele leicht wiedergeben können. Erfassen Sie die Zusammenhänge, indem Sie ein Schema oder eine Mindmap (Kapitel 4) erstellen.

Raumschiff

Sie können bei einem neuen Thema mit einem schwierigen Text anfangen. Überfliegen Sie ihn und lesen Sie ihn anschließend nur einmal gründlich durch. Machen Sie sich dabei Randnotizen. Finden Sie eigene Oberbegriffe oder entwickeln Sie Metaphern, in denen Sie die einzelnen Aspekte des Textes zusammenfassen. Die Metaphern können Sie sich am leichtesten merken. Eine Metapher ist ein Vergleich ohne das Wort „wie", z.B. „Meine holde Aphrodite!" „Mein Adonis!" Wenn Sie Ihre Liebste oder Ihren Liebsten so ansprechen, dann verwenden Sie bereits Metaphern. „Du bist so schön wie Adonis!" wäre hingegen ein Vergleich.

Rettungshubschrauber

Sie lassen sich schwer einen Bären aufbinden. Um Sie zu überzeugen, bedarf es daher sehr guter Argumente. Aus diesem Grund werden Sie beim Lesen sehr gute Argumente finden, denn: Wer sucht, der findet und behält. Gleichzeitig wird Ihnen vielleicht das eine oder andere Argument oder Beispiel nicht auffallen, da es Ihrer inneren Zensur vorschnell zum Opfer fällt. Achten Sie darauf, dass Sie zuerst die Argumente des Autors nachvollziehen und erst anschließend kritisch beleuchten. Da Sie gern ehrlich sind, kann es Ihnen Energie geben, wenn Sie einfach die überflüssigen Abschnitte der Texte durchstreichen. Markieren Sie außerdem die Punkte, die Ihnen unklar sind, besonders deutlich, z. B. durch große Fragezeichen am Rand. Als Rettungshubschrauber hilft es Ihnen, Ihr Unwissen vor sich zu sehen. Dann erkennen Sie sofort, wo Sie noch etwas klären oder nachschlagen sollten.

Heißluftballon

Verbinden Sie die Informationen Ihrer Texte in irgendeiner Weise mit Menschen, die Sie kennen. Beschäftigen Sie sich z. B. mit juristischen Fällen, dann stellen Sie sich jeweils Bekannte, Verwandte oder Freunde vor, die in diese Fälle verwickelt sind. Ebenso einfach ist es bei medizinischen oder psychologischen Themen. Lesen Sie außerdem aufmerksam alle Hinweise, die Sie über den Verfasser erhalten (Vorwort, Widmung, Lebenslauf). Der Philosophieprofessor Wilhelm Weischedel schrieb eine ausgezeichnete Einführung in die Philosophie, die auf diesem Prinzip beruht. In *Die philosophische Hintertreppe* stellt er zunächst den Philosophen als Menschen vor – mit seinen Stärken und Schwächen – und erläutert anschließend sein philosophisches Denken. Dieses Buch ist für jeden Ballonflieger ein ideales Geschenk. Es entspricht seiner Art und Weise, Informationen aufzunehmen.

Düsenjet

Stellen Sie vor und während des Lesens Fragen an den Text. Mein Literaturprofessor erklärte uns Studenten immer: „Es gibt keine langweiligen Texte! Mit der richtigen Fragestellung wird jeder Text interessant." Wenn Ihnen keine genauen Fragen einfallen, dann stellen Sie die W-Fragen: Was? Wer? Wann? Wieso? Wie? Wo? Damit erfassen Sie wesentliche Aspekte und die Gliederung des Textes. Sollte es in dem Text auch um Aspekte gehen, die von Ihren Fragen nicht erfasst werden, ergänzen Sie weitere Fragen.

Drachenflieger

Sie sind ein Meister im Aufspüren von neuen Informationen. Neue Argumente, hervorragende Beispiele und auch wenig beachtete Theorien bereiten Ihnen Freude. Sie finden sie leicht, denn Sie suchen gern nach neuen Büchern und Texten. Außerdem können Sie sehr gut extensiv lesen. Das bedeutet, dass Sie Texte rasch überfliegen und die Grundgedanken erfassen. Seien Sie sich dieser Gabe bewusst. Es entgehen Ihnen jedoch häufig Details oder schwierige Einzelheiten. Markieren Sie diese direkt beim Lesen. Dann können Sie bei Bedarf darauf zurückkommen, ohne noch einmal den ganzen Text lesen zu müssen.

Allgemeine Tipps

1. **Die einzelnen Wörter verstehen.** (Im entsprechenden Lexikon nachschlagen)
2. **Sich den Zusammenhang und das Thema bewusst machen:** Worum geht es in diesem Text? In welchem Zusammenhang steht er?
3. **Vorher Fragen an den Text stellen.** Denn: Wer nach Antworten sucht, der findet und behält sie.
4. **Nebenergebnis: Dank Fragen wach bleiben.**
5. **Die Lesezeit realistisch einschätzen.** Wie schnell man einen Text versteht, hängt vom Vorwissen, der Komplexität des Sachverhalts und des Schreibstils ab.

Effizient zusammenfassen – Funksprüche senden

Im April 2007 stürzte in Leverkusen ein Segelflugzeug ab. Noch im Absturz forderte die Pilotin über Funk einen Notarzt an. Man stelle sich das vor! Diese Frau hat Nerven! Die eigene Bruchlandung umschrieb sie kurz und mit großer Präzision. Kein „Hilfe, ich stürze ab! Oh Gott, ich werde sterben!" Nein, sie wählte ihre Worte genau, dann prallte sie auch schon auf. Dank ihres Funkspruchs trafen nach wenigen Minuten bereits der Notarzt und die Feuerwehr ein. Sie konnte schnellstmöglich aus dem Wrack befreit werden und überlebte fast unversehrt (sinngemäß nach: Kölner Stadtanzeiger, 29. 4. 07). Vorbildlich hatte die Hobbypilotin das grundlegende Prinzip des Funkens

Im Sturzflug den Notarzt gerufen

angewandt: Fasse dich kurz! Unwichtiges Geplänkel und lange Aus-
schweifungen sind unerwünscht, denn sie könnten tödlich sein.

Nicht nur in brenzligen Situationen ist diese Fähigkeit hilfreich. Wer
das Wesentliche erkennt und es präzise ausdrücken kann, genießt
auch in der Prüfungsvorbereitung viele Vorteile. Er bekommt
schneller den Überblick, belastet seinen Kopf nicht mit Unwichti-
gem und gewinnt kostbare Lern- oder Erholungszeit. Er verzettelt
sich nicht in nebensächlichen Details und erhält dadurch Sicherheit.
Auch in der mündlichen Prüfung und später in Bewerbungs-
gesprächen, beruflichen Präsentationen und Verhandlungen wird
diese Fähigkeit Sie weiterbringen.

Doch wie reduziert man Stoff auf das Wesentliche? Indem man
zwischen konkretem und abstraktem Denken hin- und herschaltet.
Wie Sie das trainieren können und welche sprachlichen Kniffe es
dafür gibt, erfahren Sie im Folgenden.

**Man hat einen Sachverhalt dann verstanden, wenn man ihn in
wenigen Worten darstellen kann.**

Die Oberbegriffe – der Funkwortschatz

Was passiert beim Zusammenfassen von Texten und Sachverhalten?
Es werden Oberbegriffe gebildet. Sie fassen ganze Inhalte zusammen. Typische Situationen für Oberbegriffe sind Vorträge, Referate und Moderationen. Kein Moderator schreibt komplette Texte auf
seine Karteikarten! Ein kurzer Blick auf das Stichwort – mehr darf
man sich als freier Redner nicht erlauben.

Beispiel: Vortrag Für die Einleitung eines Vortrags könnten die Oberbegriffe so aussehen: 1. Begrüßung, 2. Anekdote, 3. Thema und Begründung der
Themenwahl, 4. Vorstellung der Gliederung. Die Oberbegriffe hängen vom Vorwissen des Redners und dem Ziel der Zusammenfassung ab. Wenn Sie zum ersten Mal eine Präsentation halten, werden
Sie wahrscheinlich nicht den Oberbegriff „Begrüßung" verwenden.
Stattdessen werden Sie sich die Details notieren, wie zum Beispiel:
„für Einladung bedanken", „Zuhörer begrüßen", „mich vorstellen".

Erst wenn Sie die einzelnen Punkte verinnerlicht haben, werden Sie den Oberbegriff wählen. Es gibt auch hier kein Richtig oder Falsch. Ihre Oberbegriffe hängen von Ihnen und Ihrer momentanen Situation ab!

Um solche Oberbegriffe zu finden, muss man in Kategorien denken. **Kategorien** Kategorien findet man, indem man sich von den Details löst. Nur so kann man auf eine höhere Abstraktionsebene wechseln. Diese Denkform wird auch als Abstraktionsvermögen bezeichnet.

Nehmen wir als Beispiel „Knut". Gemeint ist Knut aus dem Berliner Zoo. Also der eine, konkrete Eisbär, den die ganze Welt kennt. Er gehört zu den Eisbären. Eisbär ist hier die erste Abstraktionsstufe. In dieser Kategorie stehen die verschiedenen Bärenarten: Braunbär, Schwarzbär etc. Auf der nächsten Stufe kann man ihn als Raubtier bezeichnen. Dazu gehören neben den Bären zum Beispiel auch Löwen. Gehen wir noch eine Stufe höher, sind wir bei den Säugetieren. Die drei Kategorien sind: Bärenarten, Raubtiere und Säugetiere. Um kreative Lösungen für Probleme zu finden, ist übrigens fast immer ein Wechsel auf eine höhere Abstraktionsstufe nötig.

In der Schule wird diese Fähigkeit oft verlangt, jedoch selten trai- **Abstraktes** niert. Häufig wird kritisiert, dass ein Schüler nicht abstrahieren **Denken** könne. Was damit gemeint ist und wie man es leicht lernen kann, **in der Schule** wird leider wie ein Geheimnis gehütet. Es ist jedoch keine göttliche Gabe, sondern eine Denkform, die jeder spielend lernen kann. Sollten Ihre Lehrer auch Geheimniskrämer gewesen sein, dann machen Sie jetzt die folgenden Übungen. Sie werden dabei endgültig verstehen, was genau mit konkret und abstrakt gemeint ist, und ein Bewusstsein für die verschiedenen Abstraktionsstufen entwickeln.

Nur wer ein Bewusstsein für Kategorien hat, kann abstrakt denken.

Übung **Sprach-Experimente**

1. Erinnern Sie sich an die Schlumpf-Sprache, die Sie vielleicht als Kind mit Freunden gesprochen haben? Man ersetzt einfach jedes Verb durch ‚schlumpfen'. Es schlumpft erstaunlich, wie gut man sich so schlumpfen kann. Ersetzt man jedoch die Substantive durch ‚Schlumpf' ist eine Verständigung nicht mehr möglich. Probieren Sie es sofort. Bitten Sie jemanden, Ihnen etwas zu bringen.

2. Sie können diesen Test auch schriftlich und ohne den Begriff Schlumpf machen. Löschen Sie dazu in einem Schriftstück, zum Beispiel einer E-Mail alle Substantive. Geben Sie den Text einer anderen Person zu lesen und fragen Sie, worum es geht.

Übungsspiele

Das Abstrahieren ist eine eigene Denkweise. Diese muss erst einmal entwickelt werden. Deshalb sollten Sie abstraktes Denken möglichst oft trainieren. Das Beste ist, es zu verschiedenen Tageszeiten und an unterschiedlichen Orten zu üben, wie zum Beispiel mit Freunden nach einem gemütlichen Essen, mit Ihren Kindern auf Reisen, beim Spazieren oder Fernsehen, mit Verwandten bei Familientreffen etc.

Es gibt viele Spiele, in denen es um Denkkategorien geht. Anregungen und Spielanleitungen finden Sie in *Mehr intelligente Kopf-Spiele* von Vera F. Birkenbihl. Mit dem abstrakten Denken verhält es sich wie mit dem Joggen. Wenn Sie im Training bleiben, dann fällt es Ihnen leicht. Suchen Sie sich deshalb Mitspieler und probieren Sie es gleich aus.

1. Spiel: Sie spielen Stadt, Land, Fluss und denken sich jeweils nach drei Runden neue Kategorien aus. Dann ersetzen Sie zum Beispiel Stadt durch Zeitungen, Land durch Getränke und Fluss durch Trendsportarten.

2. Spiel: Jeder denkt sich einen Oberbegriff aus und notiert fünf Begriffe, die dazugehören. Dann liest jeder der Reihe nach seine fünf Begriffe vor. Die Mitspieler versuchen den Oberbegriff zu finden, den sich derjenige ausgedacht hatte. Besonders interessant wird es, wenn Sie folgende Variante spielen: Jeder muss ver-

Kopftraining

suchen, einen Oberbegriff zu finden, den kein anderer hat. Wenn jeder seinen Oberbegriff genannt hat, können Sie diese nach ihrem Abstraktionsgrad sortieren.

Hier noch einmal die Begriffe aus der Übung a) 3.: Mars, Snickers, Twix, Milky Way. Folgende Kategorien fanden Seminarteilnehmer: amerikanische Schokoriegel, Schokoriegel, Süßigkeiten, Pausensnacks, Gute-Laune-Macher, Köstlichkeiten, Belohnungen, Kariesverursacher. Beim gemeinsamen Sortieren entwickeln Sie das Gespür für die Nuancen. Auch die Kategorien selbst können abstrakter oder weniger abstrakt sein.

Wenn Sie diese Spiele beherrschen, dann werden Sie beim Lernen automatisch Oberbegriffe bilden. Es wird Ihnen leicht fallen, Stoff zusammenzufassen und Dinge auf den Punkt zu bringen.

Deutscher Heimvorteil

Oberbegriffe zu bilden macht im Deutschen besonders viel Spaß, da wir die wunderbare Möglichkeit der Komposita besitzen. So können wir bei Bedarf passende zusammengesetzte Substantive basteln, worum uns vor allem die Franzosen insgeheim beneiden. Pausensnacks, Schokoriegel oder Kariesverursacher – so griffige Begriffe kann außer uns fast keiner bilden. Nutzen Sie diesen Heimvorteil!

Neben diesen beiden Spielen finden Sie in folgenden Tipps weitere Möglichkeiten, um das Denken in Kategorien zu üben.

Individuelle Tipps zum Funken

Passagiermaschine

Suchen Sie sich einen Spielpartner. Nennen Sie Ihrem Partner eine Kategorie (z. B. Karnevalskostüme). Dann finden Sie einen Buchstaben, indem Sie das Alphabet im Kopf durchgehen, bis Ihr Partner Stopp sagt. Zu diesem Buchstaben muss Ihr Partner einen Gegenstand zur angegebenen Kategorie finden. Danach wechseln Sie.

Segelflieger

Nehmen Sie ein Sachbuch (z. B. dieses) oder eine Zeitschrift. Decken Sie das Inhaltsverzeichnis so ab, dass Sie die Rubriken bzw. Kapitelüberschriften nicht

lesen können. Versuchen Sie nun mithilfe der Unterüberschriften auf die Rubriken zu kommen.

Jumbojet

Stellen Sie sich vor, wie unsere Berufswelt in ferner Zukunft aussehen wird. Ihre Aufgabe ist es, einen neuen Entwurf für einen Lebenslauf zu erstellen. Wie wird er gegliedert sein? Welche Kategorien könnte es geben?

Raumschiff

Üben Sie den Wechsel vom Konkreten zum Abstrakten. Trainieren Sie es, die Details aus der Distanz zu betrachten. Sehr gut geeignet sind dafür Knobelaufgaben und Geschichtenraten. Bei den Geschichten erfahren Sie das Ende und müssen durch Ja-und-Nein-Fragen erraten, was passiert ist (*black stories, 50 rabenschwarze Rätsel,* moses Verlag).

Rettungshubschrauber

Stellen Sie sich vor, Sie seien ein Kritiker. Das kann ein Film-, Kunst-, Literatur-, Restaurant-, Hotel- oder Fußballstadion-Kritiker sein. Wählen Sie einen Bereich aus, der Sie anspricht. Denken Sie sich jetzt die Kategorien aus, die Sie bewerten würden.

Heißluftballon

Stellen Sie sich vor, Sie seien Redakteur einer Zeitung und zuständig für die Seite mit der Partnervermittlung. Sie haben die Aufgabe, frischen Wind in die Anzeigen zu bringen. Worauf sollten sich die Zuschriften beziehen, d. h., welche Kategorien würden Sie vorgeben? (Z. B. Lieblingsfarbe, bevorzugtes Fernsehprogramm, kleine Schwäche etc.)

Düsenjet

Erstellen Sie zu einem Ihrer Prüfungsgebiete ein Abstraktionsschema. Ordnen Sie dafür Schlüsselbegriffe und Oberbegriffe so an, dass die verschiedenen Abstraktionsstufen zu erkennen sind.

Drachenflieger

Sie sind jetzt Spiele-Redakteur. Ihre heutige Aufgabe ist die Erarbeitung eines neuen Quartetts. In Großstädten gibt es bereits das Dönerbuden-, das Szenekneipen- und in Köln das Büdchen-Quartett. Denken Sie sich ein neues Thema aus und erstellen Sie dazu die Kategorien für die Spielkarten.

Allgemeine Tipps

1. **Einen Sachverhalt in wenigen Worten darstellen. Dazu Ober-begriffe benutzen.**
2. **Für die Oberbegriffe Substantive verwenden.**
3. **Das Denken in Kategorien trainieren.** In allen Lebenslagen Ober-begriffe finden (z. B. beim Einkaufszettel).
4. **Vom Konkreten zum Abstrakten springen und umgekehrt.**
5. **Abstraktes Denken mit Spielen üben.** Mit Ihren Kindern, Freun-den oder anderen Studierenden werden Sie viel Spaß haben und gleichzeitig eine der wichtigsten Denkformen erlernen.

Nun folgt ein Beispiel für einen mit Randnotizen (Oberbegriffen) versehenen Text.

Ratschläge für einen guten Redner (*von Kurt Tucholsky*)

Satzbau   Hauptsätze, Hauptsätze, Hauptsätze.

Notizen   Klare Disposition* im Kopf - möglichst wenig auf dem Papier.

Stil   Tatsachen, oder Appell an das Gefühl. Schleuder oder Harfe. Ein Redner sei kein Lexikon. Das haben die Leute zu Hause.

Rededauer   Der Ton einer einzelnen Sprechstimme ermüdet; sprich nie länger als vierzig Minuten.

Auftreten   Suche* keine Effekte zu erzielen, die nicht in deinem Wesen liegen. Ein Podium ist eine unbarmherzige Sache - da steht der Mensch nackter als im Sonnenbad.

Überarbeitung   Merk Otto Brahms Spruch: Wat jestrichen is, kann nich durchfalln.

*Disposition = Gliederung,
*Suche = Versuche

Auswendiglernen – Automatisiertes Verhalten

Gezielt auswendiglernen

Möchten Sie Ihren Bordcomputer aus dem Cockpit reißen und sämtliche Flugdaten auswendig lernen? Streben Sie den Titel „Weltmeister im Auswendiglernen" an? Wenn ja, dann hilft Ihnen das folgende Kapitel nicht weiter.

Doch in bestimmten Situationen kommen Sie um das Auswendiglernen nicht herum. Sie erfahren hier, wie Sie sich effizient den Stoff aneignen, den Sie in der Prüfung benötigen. Beim Fliegen ist das der feste Ablauf bei Feuer an Bord. Jedes Crewmitglied kennt den Ablauf auswendig, denn da kommt es auf jede Sekunde an. So kostbar ist auch die Prüfungszeit. Wenn Sie bestimmtes Wissen erst wieder neu herleiten, dann bleibt Ihnen zu wenig Zeit für die restlichen Aufgaben. Deshalb geht es im Folgenden darum, wie Sie sich das Wissen für die Prüfung aneignen, das Sie schnell parat haben sollten.

Lernen Sie das auswendig, was Sie schnell parat haben müssen.

Kreuzen Sie in der folgenden Übung die Punkte an, die auf Sie zutreffen. Es ist nahezu unmöglich, das Auswendiglernen allgemein zu beurteilen, denn je nach Fachgebiet, Schwierigkeitsgrad und Tagesform fällt es Ihnen mal leichter oder schwerer. Denken Sie beim Ankreuzen besonders an die Lernstoffe, bei denen Ihnen das Auswendiglernen noch Mühe bereitet.

Selbsteinschätzung

Meine persönlichen Erfahrungen mit dem Auswendiglernen

☐ Auswendiglernen finde ich eine „trockene" Tätigkeit.
☐ Auswendiglernen langweilt mich.
☐ Vom Auswendiglernen bekomme ich schlechte Laune, Kopfweh.
☐ Beim Auswendiglernen kann ich nicht kreativ sein und meine Persönlichkeit einbringen.
☐ Ich muss den Stoff sehr oft wiederholen, bis ich ihn beherrsche.
☐ Beim Auswendiglernen habe ich Schwierigkeiten mich zu konzentrieren.
☐ Ich kann mir den Stoff nur kurzfristig merken.

Auswertung

Sollten Sie kein einziges Kreuz gemacht haben, dann lesen Sie dieses Kapitel nicht weiter. Es sei denn, Sie sind neugierig auf neue Methoden oder möchten in Ihrem Vorgehen bestätigt werden.

Sie lernen im Folgenden drei Techniken kennen,

- bei denen Sie aktiv und kreativ sein können,
- die bewusst die rechte Gehirnhälfte aktivieren,
- die effektiv und nachhaltig sind, wodurch Sie sich zahlreiches Wiederholen sparen,
- die abwechslungsreich sind und Spaß machen,
- bei denen Sie Ihre Persönlichkeit und Ihre eigenen Erfahrungen einbringen können.

Auswendiglernen ist dann nicht trocken, wenn Sie die rechte Gehirnhälfte mitarbeiten lassen. So sparen Sie sich zahlreiches Wiederholen und der Stoff sitzt nachhaltig.

Im Französischen heißt auswendig lernen übrigens „apprendre par cœur", was wörtlich übersetzt soviel heißt wie „mit dem Herz lernen". Ein positives Gefühl beim Memorieren ist ein großer Gewinn, weil es Sie motiviert weiterzulernen.

Auswendig lernen à la française

Technik: AKRONYME

Zum Lernen von Begriffen, die keine feste Reihenfolge haben, eignen sich Akronyme. Ein Beispiel für ein Akronym ist WUMS. Es steht für die Rechte eines Käufers bei mangelhafter Warenlieferung: **W**andlung, **U**mtausch, **M**inderung, **S**chadenersatz. Aus den Anfangsbuchstaben der zu lernenden Begriffe wird also ein Wort gebildet.

Was ist das?

Ein anderes Akronym ist zum Beispiel BASS. Es erläutert das Kommunikationsmodell von Friedemann Schulz von Thun. Nach ihm hat jede Nachricht vier Seiten: die **B**eziehungsseite, die **A**ppellseite, den **S**achinhalt und die **S**elbstoffenbarung (vgl. Schulz von Thun, 2008, S. 14). SPAUZ gibt an, was ein Richter tun muss, um ein Gerichtsverfahren einzuleiten: **S**achverständigengutachten, **P**arteivernehmung, Augenscheinnahme, Urkundenverfahren, Zeugenvernehmung.

Vorzüge der Akronyme

Akronyme haben zwei Vorteile. Zum einen entspricht die Anzahl der Buchstaben der Anzahl der zu lernenden Begriffe. Dadurch wird verhindert, dass Sie einen Begriff komplett vergessen. Zum anderen helfen Ihnen die Anfangsbuchstaben dabei, sich an die Begriffe zu erinnern.

Auch diese Technik bedarf der Übung. Deshalb probieren Sie es am besten jetzt gleich selbst aus.

Übung 1: Akronyme

Das folgende Beispiel bezieht sich auf die Gestaltung eines Vortrags. Dabei geht es um die Visualisierung, zum Beispiel mithilfe einer Overhead-Folie. Seifert (2006, S. 41) nennt in seinem Buch fünf Punkte, die für die gelungene Visualisierung zu bedenken sind: **L**ogik, **A**nordnung, **B**lattaufteilung, **F**arben, **F**ormen.

Damit Sie bei der Vorbereitung Ihres nächsten Vortrages keines dieser Elemente vergessen, bilden Sie nun ein Akronym. Notieren Sie mehrere Wörter, denn oft findet man erst beim zweiten oder dritten Versuch das einprägsamste Akronym. Machen Sie diese Übung sofort, denn wenn Sie denken, dass Sie die Übungen später machen, dann verlieren Sie 50 % des Nutzens. Ohne Probieren können Sie den praktischen Gewinn dieser Übung nicht nachvollziehen.

Meine Akronyme: _____

_____

Kreativ werden

Auch bei dieser Technik gilt: Hier können Sie Ihre Persönlichkeit und Ihre eigenen Ideen einbringen. Spielen Sie! Basteln Sie Wörter, die Ihnen Spaß bereiten. Üben Sie das zum Beispiel mit der Einkaufsliste, mit den Namen der Personen, die Sie heute noch anrufen wollen oder mit Zutaten für Kochrezepte.

Lesen Sie möglichst nur weiter, wenn Sie ein Akronym gebildet haben! Meine Kursteilnehmer bildeten unter anderem: BLAFF, FFALB, FFLAB.

Üben Sie gleich noch einmal. Jetzt geht es um die Einladung zu einer Präsentation, beispielsweise einer Produktpräsentation. Nach Seifert (2006, S. 72) sollte die formale Einladung mindestens folgende fünf Punkte enthalten: **T**hema der Präsentation, **O**rt und Raum, **Z**eitpunkt und Zeitdauer, **P**räsentator, **A**nsprechpartner für Rückfragen.

**Übung 2:
Akronyme**

Bilden Sie wiederum aus den Anfangsbuchstaben der Kriterien mehrere Wörter und wählen Sie Ihr einprägsamstes aus. Hier sehen Sie Akronyme von meinen Kursteilnehmern: ZATOP, APOTZ, POATZ.

Mein bestes Akronym: _____

Der wichtigste und letzte Schritt folgt nun. Sagen Sie sich noch einmal beide Akronyme und vergewissern Sie sich, wofür die einzelnen Buchstaben stehen. Wenn Sie diese Phase auslassen, dann kennen Sie später vielleicht noch Ihre Akronyme, wissen jedoch nicht mehr, wofür sie eigentlich stehen.

Wichtig!

Sollten Sie bei den Beispiellösungen ein Akronym gefunden haben, das Sie sich besser merken können als Ihr eigenes, dann merken Sie sich dieses. In der Regel kann man sich sein eigenes am besten merken, doch es gibt immer wieder Fälle, in denen ein Wort so witzig oder anschaulich ist, dass es sich jeder gut merken kann, wie das oben genannte WUMS.

> **Wer beim Auswendiglernen aktiv und kreativ sein möchte, der bilde Akronyme.**

Erfahrungen aus der Praxis: Akronyme für die Klausur

Schreiben Sie die Akronyme direkt auf das Aufgabenblatt Ihrer Klausur. Damit sind Sie auf der sicheren Seite. Sollten Sie einmal abgelenkt werden oder unkonzentriert sein, dann werden Sie sich danach wieder leicht an die Begriffe erinnern. Außerdem kann auf diese Weise nicht der Verdacht entstehen, Sie hätten geschummelt. Wenn Sie über ein gutes Kurzzeitgedächtnis verfügen, können Sie sich unmittelbar vor Klausurbeginn Ihre Akronyme noch einmal ansehen.

Tricks zur Bildung der Akronyme

Sollten Vokale als Anfangsbuchstaben fehlen, gibt es zwei Möglichkeiten: Entweder Sie nehmen den zweiten Buchstaben dazu z. B. Logik = Lo oder Sie ändern einen Anfangsbuchstaben. Das ist möglich, wenn die Begriffe nicht wortwörtlich gelernt werden müssen. Dann finden Sie ein Synonym, das mit einem Vokal beginnt, z. B. Blattaufteilung = Aufteilung des Blattes.

Die Regeln der Rechtschreibung sind bei dieser Technik außer Kraft gesetzt. Ihre Akronyme können zum Beispiel Wörter sein, die Ihnen vom Klang her gefallen. Sie können Wörter eines Dialektes benutzen oder einer anderen Sprache. Sie finden vielleicht auch Wörter, die es bereits gibt, die jedoch anders geschrieben werden. Hier dürfen oder müssen Sie sogar die Regeln der Rechtschreibung missachten! Das bereitet einigen Seminarteilnehmern immer großes Vergnügen. Sollte Ihre Liste mehr als acht Begriffe enthalten, bietet es sich an, zwei Akronyme zu bilden.

Übung 3: Akronyme

Wie gut beherrschen Sie bereits die Technik der Akronymbildung? Um das schwarz auf weiß vor sich zu sehen, schreiben Sie hier bitte noch einmal Ihre Akronyme auf. Tragen Sie hinter die Akronyme die einzelnen Kriterien ein, für die die Buchstaben stehen.

1. _____ _____

_____

_____

2. _____ _____

_____

_____

Sind Ihnen einige Begriffe nicht mehr eingefallen? Dann blättern Sie zurück, tragen diese nach und prägen sie sich jetzt besonders aufmerksam ein.

Technik: Bilderlernen

a) loci-Technik

Gedächtniskünstler arbeiten mit der loci-Technik. Die Methode basiert auf dem Prinzip, dass die rechte Gehirnhälfte aktiv mitarbeitet, um neue Informationen aufzunehmen. Die rechte Gehirnhälfte denkt visuell (Kapitel 2), weshalb bei der loci-Technik in Bildern gedacht wird. Zunächst ordnet man jeder Zahl ein Bild zu. Zum Beispiel 1 = Kerze, 2 = Schwan, 3 = Dreizack, 4 = Hund (Vierbeiner), 5 = Hand, 6 = …. Wenn Sie nun eine Zahl lernen möchten, dann denken Sie sich eine kleine Geschichte aus, in der die Gegenstände in der vorgegeben Reihenfolge vorkommen.

Trick der Gedächtniskünstler

„Ein Schwan hält einen Dreizack im Schnabel. Da kommt ein Hund angerannt. Vor Schreck stolpert der Schwan und spießt sich auf." Diese Mini-Geschichte schrieb ein Teilnehmer um sich folgende PIN-Nummer zu merken: 2342.

Geschichte vom Schwan

Diese Technik eignet sich sehr gut für Zahlen, die Sie immer wieder durcheinander bringen und unbedingt richtig wissen müssen. Bei Studenten des Bachelors für Optometrie ist das zum Beispiel der Gesamtbrechwert des Auges nach Gullstrand: 58,635 Dioptrien. Auf diese Weise können nicht nur Zahlen verinnerlicht werden, sondern auch Abläufe, Prozesse und ganze Texte. Weitere Beispiele finden Sie in allen Ratgebern für Gedächtnistraining. Diese Technik ist besonders für die Lernerpersönlichkeit des Raumschiffpiloten geeignet, da sie ihrer Phantasie gern freien Lauf lassen und dazu neigen, in Bildern zu denken. Ein Nachteil ist, dass man den Stoff mit Bildern verknüpft, die nichts mit dem Inhalt zu tun haben. Insofern kann die Technik als umständlich empfunden werden und ist für viele Lernpiloten nicht effizient genug.

Vor- und Nachteile

b) direktes Bilderlernen©

Ein direkter und effizienter Weg, wie Sie Wissen in Ihr Gehirn transportieren können, ist das direkte Bilderlernen. Auch bei dieser Technik lassen Sie sich von Ihrer rechten Gehirnhälfte helfen. Der Vorteil gegenüber der loci-Methode ist, dass Sie sich nur solche Bilder merken, die direkt mit Ihrem Stoff zu tun haben. Das Prinzip besteht darin, dass Sie Ihren Lernstoff in Bilder umsetzen und auf diese Weise leichter aufnehmen.

Da das Denken in Bildern in unserer sachorientierten Gesellschaft immer noch eher unüblich ist, machen Sie zunächst folgende Vorübung: Stellen Sie die folgenden Begriffe möglichst einfach in Bildern dar. Zeichnen Sie dabei nur wenige Striche.

1. Pause	2. Wiederholung
3. groß	4. Gift
5. Labor	6. Paradies
7. Zukunft	8. Demokratie

Hier sehen Sie einige Beispiele von meinen Kursteilnehmern, bei denen ich mich an dieser Stelle herzlich für die Freigabe zum Abdrucken bedanken möchte!

Halten Sie nun die obere Tabelle zu und erraten Sie die Begriffe. Einige sind Ihnen wahrscheinlich sehr leicht gefallen. Vielleicht hatten Sie das Gleiche gezeichnet? Das liegt daran, dass bestimmte Bilder in einer Gesellschaft vermittelt werden und die Individuen dieser Gesellschaft bis zu einem gewissen Grad in denselben Bildern denken. Der Totenkopf für Gift ist beispielsweise ein international bekanntes Symbol. Je nach Text benötigen Sie daher mehr oder weniger eigene Bilder. Um solche eigenen Bilder zu entwickeln, gibt es einen Trick.

Dieser besteht darin, einen Teil vom Ganzen darzustellen. In der Rhetorik wird das als pars pro toto bezeichnet. Sie sehen das zum Beispiel beim Begriff Demokratie. Die Reichstagskuppel ist ein Teil dessen, was unsere Demokratie ausmacht. Jedem Menschen fällt spontan ein anderer Teil ein. So ist es in meiner Seminartätigkeit noch nie vorgekommen, dass zwei Teilnehmer zu allen Begriffen das Gleiche gezeichnet haben!

Trick: Ein Teil vom Ganzen

Erneut wird deutlich, wie unterschiedlich wir denken! Sie können mit dieser Technik Ihre Individualität ausleben, indem Sie Ihre persönlichen Bilder entwickeln und sich keine vorgegebenen eintrichtern müssen.

Persönliche Bilder steigern die Lernzufriedenheit.

Die Technik besteht jetzt darin, dass Sie einen Text lernen, indem Sie ihn in Bilder umsetzen. Probieren Sie es bitte mit folgendem Auszug, den Sie anschließend wortwörtlich wiedergeben sollen.

1. Zeichnen Sie Bilder in den linken Rand.

Übung Bilderlernen

Die Europäische Union

Die Europäische Union verfügt über fünf Organe: das Europäische Parlament, den Rat, die Kommission, den Gerichtshof und den Rechnungshof.

Daneben gibt es zwei weitere Gemeinschaftseinrichtungen, die beratende Funktion haben: den Wirtschafts- und Sozialausschuss und den Ausschuss der Regionen. Im Bereich der Wirtschafts-

und Währungspolitik fällt der Europäischen Zentralbank (EZB) eine wichtige Rolle zu.

Der Europäische Rat, in dem die Staats- und Regierungschefs sowie der Kommissionspräsident gemeinsam mindestens zweimal jährlich tagen, ist ein politisches Gremium, das der Union die für ihre Entwicklung erforderlichen Impulse geben und die allgemeine politische Marschroute festlegen soll (vgl. Europäische Kommission, 2001).

Hier ein Beispiel aus meinem Kurs:

 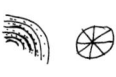
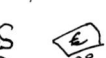

Die Europäische Union
Die Europäische Union verfügt über fünf Organe: das Europäische Parlament, den Rat, die Kommission, den Gerichtshof und den Rechnungshof.

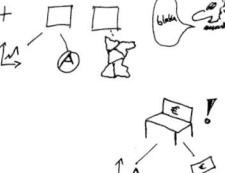

Daneben gibt es zwei weitere Gemeinschaftseinrichtungen, die beratende Funktion haben: den Wirtschafts- und Sozialausschuss und den Ausschuss der Regionen. Im Bereich der Wirtschafts- und Währungspolitik fällt der Europäischen Zentralbank (EZB) eine wichtige Rolle zu.

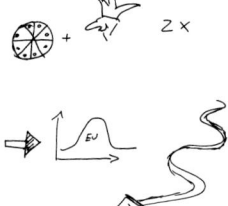

Der Europäische Rat, in dem die Staats- und Regierungschefs sowie der Kommissionspräsident gemeinsam mindestens zweimal jährlich tagen, ist ein politisches Gremium, das der Union die für ihre Entwicklung erforderlichen Impulse geben und die allgemeine politische Marschroute festlegen soll.

2. Sagen Sie den Text auf, indem Sie die Bilder ablesen. Sie dürfen dabei noch in den Text sehen, um sich zu vergewissern, ob Ihre Sätze richtig sind.

3. Decken Sie den Text mit einem Blatt ab und sagen Sie ihn nur anhand der Bilder auf. Ziehen Sie das Blatt Stück für Stück herunter, sodass Sie die richtigen Sätze sehen.

4. Stellen Sie sich Ihre Bilder vor und sagen Sie den Text auf.

Diese Methode ist besonders für Texte geeignet, die für Sie sehr „trocken" sind und die einfach nicht in Ihren Kopf wollen.

Erfahrungen aus der Praxis

Strohhalm-Prinzip: Die Bilder funktionieren wie ein Strohhalm. Sie helfen Ihnen dabei, das Wissen aufzusaugen. Keine Sorge, Sie werden anschließend nicht mit Tausenden von absurden Bildchen im Kopf herumlaufen! Genau so, wie Sie den Strohhalm zur Seite legen, wenn Sie ein Glas geleert haben und ihn vergessen, werden Sie auch diese Bildchen vergessen. Sie dienen nur als Hilfe bei der ersten Aufnahme der Informationen.

Mehr oder weniger: Je nach Vorwissen werden Sie unterschiedlich viele Bilder malen. Bei großem Vorwissen reichen Ihnen wenige Bilder, bei wenig Vorwissen zeichnen Sie mehr. Das ist nur natürlich. Wenn Sie sich in einem Gebiet noch nicht auskennen, müssen Sie bei der Informationsaufnahme mehr Energie aufwenden.

Über Bilder aufnehmen: Das Zeichnen kann von Ihnen als zeitraubend empfunden werden. Machen Sie sich klar, dass hier die entscheidende Schwelle überwunden wird. Beim Skizzieren geht es darum, das Wissen in Ihr Gehirn zu tragen. Sie sparen bei dieser Technik das endlose, frustrierende Wiederholen! Außerdem ist Ihr Wissen durch die Bilder fester im Gehirn verankert, da die rechte und die linke Gehirnhälfte beide das Wissen festhalten. Sobald Sie die Bilder gefunden haben, ist der Rest ein leichtes Spiel.

Schreiben oder kopieren Sie den zu lernenden Stoff so, dass Sie am Rand Platz haben.

Ihr Gehirn ist da ein bisschen bockig! Wenn zu wenig Platz vorhanden ist, zensiert es sich selbst und produziert weniger Bilder. Sollte das Kopieren nicht möglich sein, dann nehmen Sie ein DIN A3 Blatt, falten es in der Mitte, klappen es auf und legen den zu lernenden Text auf die rechte Seite. Auf die linke Seite des großen Blattes können Sie Ihre Bilder malen.

Alles ist erlaubt! Automatisch haben Sie dabei vielleicht auch Akronyme verwendet. Oft werde ich im Seminar gefragt, ob das erlaubt sei. Grundsätzlich gilt: Alles ist erlaubt, was Sie zum Ziel führt. Probieren Sie daher verschiedene Techniken aus und entwickeln Sie Ihren eigenen Stil. Sie werden selbst herausfinden, wie Sie sich am besten etwas merken können.

Die Sache mit den Stalaktiten In meiner Seminar- und Unterrichtspraxis habe ich erlebt, das Pubertierende und viele Männer sich Dinge besonders gut merken, wenn Sie diese mit dem Bereich der Sexualität verbinden. Das bekannteste Beispiel ist sicherlich die Eselsbrücke für Stalaktiten. Wer sich nicht merken kann, ob diese Tropfsteine von oben nach unten wachsen oder umgekehrt, wird es mit diesem Bild wahrscheinlich nicht vergessen: Stalak-Titten.

Individuelle Tipps zum Auswendiglernen

Passagiermaschine
Erzählen Sie anderen Ihre Akronyme oder treffen Sie sich mit Mitlernern um gemeinsam Akronyme zu bilden. Erläutern Sie jemandem – das kann auch Ihr Hund sein – wofür die Akronyme stehen.

Segelflieger
Sagen Sie sich beim Spazierengehen das Gelernte auf oder sprechen Sie es auf Kassette. Diese hören Sie sich unterwegs und vor dem Schlafengehen an.

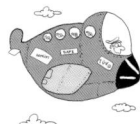

Jumbojet
Listen können auch memoriert werden, indem die Begriffe in alphabetischer Ordnung sortiert werden. Merken Sie sich zusätzlich die Anzahl der zu lernenden Wörter.

Raumschiff

Lernen Sie in erster Linie, indem Sie Ihr Wissen anwenden. Machen Sie dafür Übungsaufgaben. Um das Auswendiglernen interessanter zu gestalten, können Sie auch die zu lernenden Abläufe mit Schlümpfen, Überraschungsei-Figuren, Comic-Helden o. Ä. darstellen. Je trockener der Stoff, desto anschaulicher und lebhafter sollte die Technik sein, die Sie einsetzen. So stellen Sie in Ihrem Gehirn ein Gleichgewicht her. Ansonsten könnten Sie Kopfweh bekommen oder ein starkes Bedürfnis nach einem Ventil, durch das Sie die Spannung Ihres Gehirns entladen.

Rettungshubschrauber

Bauen Sie bewusst visuelle Elemente jeglicher Art ein. Verwenden Sie zum Beispiel Farben bei der Gestaltung Ihrer Zusammenfassungen oder Karteikarten. Schon durch farbige Markierungen aktivieren Sie die rechte Gehirnhälfte und lernen nachhaltiger. Sie merken das auch daran, dass Sie sich automatisch einprägen, wo bestimmte Aspekte stehen (z. B. oben rechts auf dem Blatt). Auch die Verwendung verschiedenfarbiger Blätter für verschiedene Stoffgebiete wird Ihre rechte Gehirnhälfte Ihnen mit zuverlässiger Erinnerung danken.

Heißluftballon

Tragen Sie beim Auswendiglernen Kleidung, mit der Sie positive Erinnerungen verknüpfen. Stellen Sie außerdem auf Ihren Arbeitsplatz das Bild von einer Person, die Sie sehr gern haben. Blicken Sie zwischendurch ab und zu auf dieses Bild. Am Tag der Prüfung tragen Sie dieselbe Kleidung und das Bild an Ihrem Körper. Das gibt Ihnen ein gutes Gefühl. Im Falle eines Blackouts sehen Sie sich das Foto an. Die Wahrscheinlichkeit, dass Sie sich dann wieder an das Gelernte erinnern werden, ist aus zwei Gründen sehr hoch. Zum einen prägt sich die Umgebung beim Lernen mit ein. Zum anderen werden Sie wieder ein positives Gefühl bekommen, wenn Sie das Bild betrachten. Dadurch wird eine fürs Denken günstige Hormonlage hergestellt und die Wirkung der Stresshormone wird gestoppt.

Düsenjet

Beim Lernen von Listen oder Prozessen mit einer festen Abfolge können keine Akronyme gebildet werden, da die Reihenfolge vorgegeben ist. Als Düsenjet fällt es Ihnen jedoch relativ leicht, sich dennoch die Anfangsbuchstaben in ihrer Reihenfolge zu merken. Das ergibt dann Wörter wie: AKEPG. Dahinter stecken die fünf Phasen des Verkaufsgesprächs: **A**ufwärmphase, **K**undenbedürfnisse und -wünsche, **E**ntertainment im Projekt – die Präsentation des Angebots, **P**reisgespräch und **G**emeinsame Vereinbarung (vgl. Skambraks/Lörcher, 2002, S. 47).

Drachenflieger

Beim direkten Bilderlernen können Sie sich alle Bilder auch nur im Kopf erstellen und auf das Malen verzichten. Wenn Sie diese Form der Visualisierung beherrschen, können Sie ganze Filme im Kopf produzieren und ablaufen lassen. Wenn Sie mit den Akronymen gut zurechtkommen, dann probieren Sie doch einmal eine Abwandlung. Versuchen Sie, ganze Sätze zu bilden. Vielleicht inspirieren Sie die folgenden bekannten Beispiele? **W**elcher **S**eemann **l**iegt **b**ei **N**elly **i**m **B**ett? Hier erfahren wir die Reihenfolge der Ostfriesischen Inseln von Ost nach West: Wangerooge, Spiekeroog, Langeoog, Baltrum, Norderney, Juist, Borkum. Oder für Medizinstudenten, die die Einteilung der Enzyme kennen müssen: **O**skar (Oxyoreduktasen) **t**rifft (Transferasen) **h**eute (Hydrolasen) **L**ydia (Lyasen) **i**n (Isomerasen) **L**iverpool (Ligasen).

Allgemeine Tipps

1. **Auswendiglernen, was Sie schnell parat haben müssen.** Wenn Sie jede Formel oder jeden Sachverhalt erst wieder herleiten, dann wird die Zeit in der Klausur knapp.
2. **Effizient und abwechslungsreich auswendig lernen – die rechte Gehirnhälfte mitarbeiten lassen.** Dann sparen Sie sich zahlreiches Wiederholen und der Stoff sitzt nachhaltig.
3. **Um beim Auswendiglernen aktiv und kreativ zu sein: Akronyme bilden** (z. B. WUMS).
4. **Den Lernstoff in konkrete Bilder umsetzen und so die rechte Gehirnhälfte fordern.**

Und jetzt noch ein letztes Mal: Wie lauten die Akronyme der vorangegangenen Übungen? Wofür stehen die Akronyme? Sie haben die Technik erfolgreich gelernt und kommen einer weichen Landung immer näher.

5. Mit Prüfungsangst umgehen
oder: Unwetter, Stromausfall & Co

Sie möchten den Pilotenschein erwerben, obwohl Sie unter Flugangst leiden? Sie können optimistisch sein, denn auch die ist unter Kontrolle zu bekommen. Im Allgemeinen äußert sie sich auf zwei Arten: Es gibt die Angst vor dem Flug oder die Angst während des Fluges.

So verhält es sich auch mit der Prüfungsangst. Zum einen kann sie akut auftreten in Form eines Blackouts, zum anderen gibt es die chronische Angst, die einem die Zeit vor der Prüfung erschwert.

Akut oder chronisch

Für beide Formen gibt es vielfältige Ursachen. Sie können in der Persönlichkeitsstruktur, der Tagesform, dem Umfeld, Drogen- oder Medikamentenkonsum, der Prüfungssituation, früheren Prüfungserfahrungen, der Erziehung etc. liegen. Die genauen Gründe lassen sich teilweise schwer ausmachen, da viele Faktoren zusammenspielen. Glücklicherweise können Sie Ihre Prüfungsangst sehr wirksam abbauen, auch ohne die genauen Ursachen dafür zu kennen.

Die Ursachen für Flugangst sind für deren Überwindung unwichtig.

Verhalten bei Blackout –
Was tun bei Stromausfall?

Um ein Blackout zu überwinden, ist es hilfreich, es zu verstehen. Was passiert dabei in Ihrem Körper? Wozu hat die Natur diese Denkblockade erfunden? Und vor allem: Wie können Sie es überstehen?

Bei einem Blackout ist die Informationsübertragung zwischen den Synapsen blockiert (Kapitel 2). Diese Blockade wird durch die Stresshormone Adrenalin und Noradrenalin ausgelöst. Sie bewirken, dass das Denken ausgeschaltet, der Blutdruck erhöht, Fett- und Zuckerreserven mobilisiert werden. Damit will unser Körper uns nicht ärgern, sondern uns schützen. Er richtet es ein, dass wir in einer Gefahrensituation sofort mit Flucht oder Angriff reagieren können (vgl. Vester, 2007, S. 37 und 101ff.).

Biologische Vorgänge

Ampelbeispiel Stellen Sie sich vor, Sie gingen bei Grün über die Straße und plötzlich käme ein Auto mit 70 km/h von der Seite auf Sie zu. Würden Sie erst überlegen, ob Sie vor- oder zurücktreten sollten, warum der Autofahrer bei Rot über die Ampel fuhr, wessen Versicherung den späteren Schaden …Wumms! – wäre es längst zu spät. Dank der Stresshormone hätten Sie automatisch sofort zur Flucht angesetzt.

Bei einer Prüfung helfen Ihnen diese körperlichen Reaktionen nicht. Im Gegenteil, das Herzklopfen und die Ausschaltung des Denkens können Sie überhaupt nicht gebrauchen. Warum Ihr Körper die Prüfung als tödliche Gefahr einschätzt, sei jetzt egal. Klar ist, dass Sie in der Prüfungssituation weder fliehen noch Ihren Prüfer oder andere Prüflinge angreifen sollten!

Es gibt zwei Möglichkeiten, das Blackout zu überstehen. Wenn es Sie wie eine dichte Nebelschwade einhüllt, dann lösen Sie die Anspannung und beschäftigen Sie Ihr Gehirn.

> **Bei Stromausfall: Strom wieder einschalten und sehen, dass er am Fließen bleibt.**

Die Anspannung lösen

Drei Techniken sind leicht zu erlernen und einfach in einer Prüfung anzuwenden: das Dampf-Ablassen, die Muskelentspannung und die Erzeugung positiver Gefühle. Damit Sie wissen, welche Methode für Sie im Notfall die richtige ist, probieren Sie alle drei bitte sofort aus. Diese Erfahrung ist enorm wertvoll. Sollte es zu einem Blackout kommen, springt Ihr Denken umso schneller wieder an, je vertrauter Ihnen die Entspannungsmethode ist.

Übung:
1. Dampf-Ablassen Atmen Sie durch die Nase ein und kräftig durch den Mund aus. Bilden Sie dabei einen Laut wie ein F. Schütteln Sie bei der Ausatmung eine Hand aus. Führen Sie dazu einen Arm schnell und kräftig von oben nach unten. Oben halten Sie die Finger Ihrer Hand zusammen und unten lösen Sie diese Anspannung. Auf diese Weise bauen Sie Ihren Trieb zum Angriff ab.

Bei der progressiven Muskelentspannung nach Jacobson spannen Sie einen Körperteil nach dem anderen fest an und lösen dann die Spannung. Sie können diese Übung mit so vielen Körperteilen machen, wie es Ihnen gut tut.

**Übung:
2. Muskeln
entspannen**

Als Kurzprogramm spannen Sie nur Hände und Füße an. Bilden Sie im Sitzen Fäuste und lösen Sie dann die Spannung. Ziehen Sie danach die Zehenspitzen zu sich heran, halten Sie die Spannung und lösen sie wieder. Das geht auch im Prüfungsraum.

Wenn Sie noch lockerer werden möchten, spannen Sie die Beine, die Arme und den Po an, ziehen Sie die Schultern hoch, Ihr Gesicht zusammen, als hätten Sie in eine Zitrone gebissen. Dann entspannen Sie alle Körperteile. Das geht leicht auf der Toilette. Auch so bauen Sie die innere Anspannung ab.

Erinnern Sie sich an ein angenehmes Erlebnis. Das kann zum Beispiel ein Abend unter Freunden, ein Strandspaziergang, eine Skiabfahrt oder ein Konzertbesuch sein. Sehen Sie das Ereignis so deutlich wie möglich vor sich. Das heißt, versuchen Sie die Farben zu sehen, die Düfte zu riechen und die Geräusche zu hören, sodass Sie sich in die Situation hineinversetzt fühlen. Lassen Sie sich dafür Zeit. Wenn Ihr inneres Bild sehr deutlich ist, dann speichern Sie es im Kopf ab. Aktivieren Sie es gelegentlich, damit Ihr Gehirn es während eines Blackouts sofort findet. Im Blackout rufen Sie dieses Bild aus Ihrem Gedächtnis ab. Automatisch werden Sie positive Gefühle entwickeln, die die Aggressivität und das Fluchtbedürfnis ablösen.

**Übung:
3. Positive Gefühle
wachrufen**

Das Gehirn beschäftigen

Das Denken springt leichter wieder an, wenn Ihr Gehirn aktiv ist und die Informationen im Kopf fließen. Auch hierfür gibt es drei Techniken.

Übung: **1. Gehirn ablenken**	Stehen Sie das Blackout mit dem Wissen durch, dass auch die dickste Nebelfront irgendwann von der Sonne aufgelöst wird. Legen Sie das Aufgabenblatt zur Seite und beschäftigen Sie Ihr Gehirn kurzzeitig mit etwas anderem. Erinnern Sie sich an Ihr Frühstück oder gehen Sie einen Ihnen bekannten Weg, zum Beispiel den zur Arbeit, im Geiste ab. Versuchen Sie alles so deutlich zu sehen, als wäre es Realität. Die negativen Emotionen können auf diese Weise abklingen, wobei das Gehirn aktiv bleibt.
Übung: **2. Synapsen** **mobilisieren**	Trinken Sie Wasser und regen Sie damit die Produktion von Transmitterbläschen an. Im Kapitel 2 haben Sie erfahren, dass Ihre Synapsen die Schalter in Ihrem Übertragungsnetzwerk sind. Sie leiten Informationen weiter. Eine Voraussetzung dafür ist die Produktion von Transmitterbläschen. Da Ihr Gehirn dafür Wasser benötigt, sollten Sie ausreichend trinken. Damit können Sie einem Blackout aufgrund fehlender Transmitterbläschen vorbeugen. Die Informationen können ungehindert fließen.
Übung: **3. Überkreuz-** **übungen**	Die Zusammenarbeit der linken und rechten Gehirnhälfte beflügelt Ihr Denken. Bereiten Sie deshalb Ihr Corpus callosum auf den Informationsaustausch vor. Im Kapitel 2 haben Sie Überkreuzübungen ausprobiert, die sehr wirksam, jedoch weniger für den Prüfungsraum geeignet sind. Es gibt zahlreiche Möglichkeiten, beide Gehirnhälften unauffällig zu aktivieren, wie zum Beispiel die Wechselatmung. Diese Übung stammt aus dem Yoga. Schließen Sie das rechte Nasenloch mit dem rechten Daumen. Atmen Sie durch das linke Nasenloch ein. Schließen Sie das linke Nasenloch mit dem Ringfinger und halten Sie die Luft an. Atmen Sie durch das rechte Nasenloch aus, wobei Sie das linke noch geschlossen halten. Atmen Sie durch das rechte Nasenloch ein, halten Sie dann wieder den Atem an und atmen Sie durch das linke Nasenloch aus. Atmen Sie immer doppelt so lange aus wie ein.

Sie können sich auch selbst Übungen ausdenken. Beachten Sie dabei die Funktionen der beiden Gehirnhälften (Kapitel 2). Hier drei Beispiele von Seminarteilnehmern:

Schließen Sie das linke Auge und zeichnen mit der linken Hand kleine Blümchen, Häuschen oder was Ihnen gefällt. Balancieren Sie mit der rechten Hand einen Stift und zählen Sie dabei von 20 bis 1 herunter. Fahren Sie mit den Augen eine liegende Acht nach.

Individuelle Tipps gegen Blackout

Passagiermaschine

Sollte es in der Prüfung zu einer Schreibblockade kommen, wechseln Sie Ihren Stift in die andere Hand. Dieser Trick stammt aus dem kreativen Schreiben. Ihr Gehirn wird dadurch überlistet und Sie finden Ihren ersten Satz bzw. kommen wieder in den Schreibfluss hinein.

Segelflieger

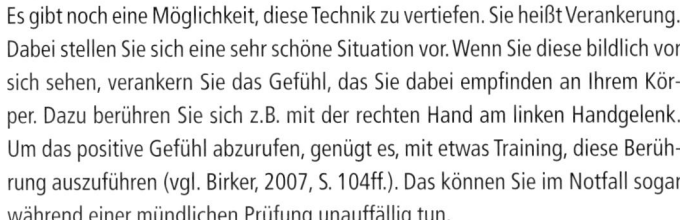

Für Sie ist die Methode der positiven Gefühle sehr gut geeignet. Zur Vertiefung empfehle ich Shakti Gawains *Stell dir vor. Kreativ visualisieren.*
Es gibt noch eine Möglichkeit, diese Technik zu vertiefen. Sie heißt Verankerung. Dabei stellen Sie sich eine sehr schöne Situation vor. Wenn Sie diese bildlich vor sich sehen, verankern Sie das Gefühl, das Sie dabei empfinden an Ihrem Körper. Dazu berühren Sie sich z.B. mit der rechten Hand am linken Handgelenk. Um das positive Gefühl abzurufen, genügt es, mit etwas Training, diese Berührung auszuführen (vgl. Birker, 2007, S. 104ff.). Das können Sie im Notfall sogar während einer mündlichen Prüfung unauffällig tun.

Jumbojet

Die Angst vor einem Blackout ist bei vielen Lernern so verwurzelt wie bei Abenteuerreisenden die Angst vor einem Schlangenbiss. Beides tritt jedoch viel seltener auf, als die Menschen annehmen. Und wenn es zum Biss kommt, ist der nur selten tödlich. Interessant ist hier eine Studie der World Health Organization. Die meisten von einer Giftschlange gebissenen Menschen sterben nicht am Gift, sondern aus Angst. Sie drehen durch. Ihr Kreislauf versagt (vgl. Nehberg 1998, S. 235). Versuchen Sie die Ruhe zu bewahren und das Blackout, sollte es jemals dazu kommen, gelassen durchzustehen.

Raumschiff

Denken Sie bei einem Blackout an das Ampelbeispiel. Ihr Körper möchte Sie mit dieser Reaktion schützen. Die Ausschaltung des Denkens ist jedoch nur ein momentaner Zustand! Das Blackout ist vom Körper nicht für längere Zeit vorgesehen.

Rettungshubschrauber

Setzen Sie sich in der Prüfung in die Nähe von nichtängstlichen Lernern. Vermeiden Sie den direkten Kontakt zu prüfungsängstlichen Lernern. Sie würden Gefahr laufen, sich gegenseitig in Ihrer Angst zu verstärken und hochzuschaukeln.

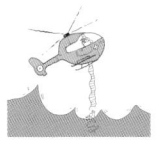

Heißluftballon

Steigern Sie sich nicht in das Blackout hinein. Bei einem Gefühl von Panik stehen Sie auf, verlassen den Prüfungsraum und zwicken sich in den Arm. Bringen Sie sich selbst wieder zur Vernunft.

Düsenjet

Im seltenen Fall eines Blackouts sollten Sie sich bewusst sein, dass es nur von kurzer Dauer ist. Diesen Umweg von zwei bis maximal fünf Minuten können Sie sich erlauben. Zumal Sie in der Regel sehr gut mit der vorgegebenen Zeit auskommen.

Drachenflieger

Kennen Sie die Geschichte von Thomas Welt? Der englische Lagerarbeiter hatte seine Schicht in der Tiefkühlhalle fast beendet, da wurde er versehentlich eingeschlossen. Die Temperatur betrug minus 20 Grad Celsius. Es gab keine Möglichkeit die Tür zu öffnen, sich bemerkbar zu machen oder die Kühlung auszuschalten. Ihm war klar, dass die Tür erst am nächsten Morgen – 13 Stunden später – geöffnet werden würde. Anstatt in Panik zu geraten oder sich aufzugeben, nahm er die Herausforderung an. Er stapelte die ganze Nacht Kartons und überlebte auf diese Weise ohne Erfrierungen (vgl. Nehberg, 1991, S. 21ff.). Denken Sie im Falle eines Blackouts an Thomas Welt und lenken Sie sich und Ihr Gehirn ab.

Allgemeine Tipps

1. **Angstursachen links liegen lassen.** Zur Vermeidung von ungesunder Angst gibt es erfolgreiche Strategien. Dazu ist es nicht nötig, die Angstursache zu kennen.
2. **Bei Blackout: Das Gehirn wieder anwerfen und es am Laufen halten!** Dampf ablassen, Muskeln entspannen, positive Gefühle wecken, ablenken, Wasser trinken, Überkreuzübungen machen

Unwohlsein vor der Prüfung –
Schwäche vor dem Abflug

Wie kann die Angst vor dem Flug reduziert werden? Wie viel Angst ist noch leistungsfördernd? Die Hauptursache für Prüfungsangst sind hemmende Gedanken. In der folgenden Übung (Seite 154 – 156) sind diejenigen aufgelistet, die am weitesten verbreitet sind. Identifizieren Sie die Gedanken, die Ihnen vertraut sind. Im Lösungsteil (Seite 178 u. 180) erfahren Sie, wie Sie diese hemmenden in ermutigende Gedanken umwandeln können.

Die Angst vor der Prüfung kann sich unterschiedlich äußern. Es können sowohl körperliche als auch emotionale Symptome auftreten. Schlafstörungen, Magenschmerzen, Verdauungsprobleme, Kopfschmerzen und Konzentrationsschwierigkeiten sind weit verbreitet. Auf der Gefühlsebene kann es zu Unruhe, Unsicherheit, Aufregung, hysterischem Verhalten, Schrecken, Panik, Wut, Aggressivität und Albernheit kommen.

Symptome

Die Ursachen dafür sind wissenschaftlich erforscht, ihre Erläuterung würde jedoch den Rahmen des Buches sprengen. Wenn es Sie interessiert, lesen Sie bei Krohne, Seligman, Strittmatter und Schwarzer unter folgenden Stichworten nach: hochängstlich, niedrigängstlich, erlernte Hilflosigkeit, Attributionsstil, kognitive Angsttheorie, Leistungs- und Prüfungsangst.

Weiterführende Literatur

Eine gewisse Portion Respekt vor der Prüfung ist notwendig, damit Sie Ihre Leistungen optimal abrufen können. Ziel ist es also nicht, Sie überoptimistisch zu machen. *Ein Pilot sollte sich immer seiner Verantwortung bewusst sein. Sonst könnte er zu Leichtsinn neigen, der die Passagiere und seinen Prüfungserfolg gefährden würde.*

Halten Sie eine für Sie erträgliche Menge an Anspannung aufrecht.

1. Ursache für ungesunde Angst

Eine ungesunde Menge Angst vor der Prüfung entsteht auf zwei Arten. Erstens, wenn Sie schlecht vorbereitet sind. Dann ist die Angst berechtigt. Sie zu besiegen ist einfach. Bereiten Sie sich gründlicher vor. Dazu kann es auch helfen, sich noch einmal zu motivieren (Kapitel 3).

2. Ursache für ungesunde Angst

Die zweite Art ist eine negative Einstellung gegenüber der Prüfung. Diese führt zu Gedanken, die sich hemmend auf Sie auswirken. Es gibt vier verschiedene Arten von hemmenden Gedanken: a) die Beschäftigung mit Misserfolg, b) eine negative Einstellung zum Erfolg, c) die negative Deutung eines Misserfolgs, d) die Ablenkung. Wenn Sie selbst glauben, dass Sie unfähig sind und durchfallen werden, dann werden Sie durch Ihr Verhalten dazu beitragen, dass diese Prophezeiung auch eintritt. Dieses Phänomen wird auch als self-fulfilling prophecy (sich selbst bestätigende Vorhersage) bezeichnet. Wer hemmende Gedanken verhindert, ist auf dem besten Weg, die Prüfungsangst zu überwinden. Eine Verdrängung oder Unterdrückung negativer Gedanken ist relativ schwierig. Einfacher ist es, sie in positive Gedanken umzuwandeln. Genau darin besteht die nächste Übung.

Wandeln Sie hemmende in ermutigende Gedanken um.

Übung: Hemmende Gedanken

Lesen Sie sich die folgenden Beispiele für hemmende Gedanken durch. Kreuzen Sie die an, die Ihnen vertraut sind. Diese Gedanken sind schuld daran, dass Sie unter Prüfungsangst leiden! Versuchen Sie in einem zweiten Schritt, diese Gedanken ins Positive umzuformulieren. Im Lösungsteil (Seite XX) finden Sie mögliche Beispiele. Je nach Häufigkeit des Gedankens machen Sie bitte ein bis drei Kreuze!

a) Beschäftigung mit Misserfolg

In der Zeit vor der Prüfung denken Sie:
1. Mir fällt bestimmt nichts ein. ☐ ☐ ☐
2. Ich habe immer Pech bei Prüfungen. ☐ ☐ ☐
3. Es wird bestimmt nicht das gefragt, worauf ich mich vorbereitet habe. ☐ ☐ ☐

4. Ich bin kein Prüfungstyp. ☐ ☐ ☐
5. In der Prüfung fällt mir das nicht ein, was ich vorher konnte. ☐ ☐ ☐
6. Ich bin vollkommen in der Hand des Prüfers. ☐ ☐ ☐
7. Wenn ich durchfalle, kann ich meine Zukunft vergessen. ☐ ☐ ☐
8. Wenn ich durchfalle, halten mich alle für blöd. ☐ ☐ ☐

b) Negative Einstellung zum Erfolg

Wenn ich eine Eins schreibe,

1. bin ich besser als meine beste Freundin,
   das kann ich ihr nicht antun. ☐ ☐ ☐
2. halten mich alle für einen Streber. ☐ ☐ ☐
3. steht mein Bruder unter Druck. Schreibt er nächste
   Woche wieder eine 5, ist zu Hause die Hölle los. ☐ ☐ ☐
4. bin ich besser als mein großer Bruder, auf den alle
   so stolz sind. Meine Eltern werden mich dann nicht
   mehr so lieb haben. ☐ ☐ ☐
5. wird meine Mutter so tun, als wäre es ihr Verdienst.
   Das gönne ich ihr nicht. ☐ ☐ ☐
6. werden in Zukunft alle von mir nur noch gute
   Noten erwarten. ☐ ☐ ☐
7. ist das purer Zufall. ☐ ☐ ☐
8. waren die Aufgaben viel einfacher als gewöhnlich. ☐ ☐ ☐

c) Für die künftige Prüfung hemmende Gedanken nach einem Misserfolg

**Stellen Sie sich vor, Sie hätten eine Klausur in den
Sand gesetzt, z. B. eine Fünf in Mathe geschrieben.**

1. Ich bin nicht intelligent genug. ☐ ☐ ☐
2. Mathe kann ich einfach nicht. ☐ ☐ ☐
3. Meine ganze Familie ist in Mathe unbegabt. ☐ ☐ ☐
4. War eben ein Freitag der 13. ☐ ☐ ☐
5. Die anderen haben auch schlechte Noten. ☐ ☐ ☐
6. Ich hatte Bauchschmerzen / Kopfweh / Erkältung. ☐ ☐ ☐
7. Der Lehrer hat das Thema schlecht erklärt. ☐ ☐ ☐
8. Mehr zu lernen hätte mir auch nicht geholfen. ☐ ☐ ☐

d) Ablenkung

Vor oder während der Prüfung denken Sie:

1. Wird schon irgendwie klappen. ☐ ☐ ☐
2. Die Prüfung ist mir total egal! ☐ ☐ ☐
3. Wohin gehe ich danach feiern? ☐ ☐ ☐
4. Beim Lesen des Klausurtextes bemerke ich
   automatisch unwichtige Details (Knick in der Seite,
   Erscheinungsort des Aufsatzes, Tippfehler…). ☐ ☐ ☐
5. Eine laute Uhr, Kaugeräusche meiner Mitprüflinge,
   das Quietschen der Kugelschreiber – in der Prüfung
   nehme ich jedes Geräusch wahr. ☐ ☐ ☐
6. Während der Prüfung denke ich: „Ich kann das nicht",
   oder „Ich bin unfähig". ☐ ☐ ☐
7. Wenigstens bin ich kein Fachidiot, sondern kulturell
   und politisch immer auf dem Laufenden. ☐ ☐ ☐

Wählen Sie aus dem Lösungsteil die positiven Formulierungen aus, die Sie verinnerlichen wollen. Notieren Sie diese auf einem Zettel. Um Ihr Denken zu verändern, schreiben Sie diese Sätze jeden Tag drei- bis fünfmal ab. Legen Sie sich dafür ein Heft an. Mit der Zeit wird Ihr Unterbewusstsein sich von den hemmenden Gedanken verabschieden und die positiven Gedanken von allein produzieren. Es gibt 1000 Gründe, nicht erfolgreich zu sein. Hören Sie nicht darauf!

Der Mensch ist nicht zum Fliegen geboren. Aber er tut es doch!

Individuelle Tipps gegen chronische Flugangst

Passagiermaschine: Gehirn überlisten

Da Sie gern reden, könnte es sein, dass Sie das Schreiben in der Klausurvorbereitung vernachlässigen. Trainieren Sie es.

Segelflieger: Erfolge wachrufen

Erinnern Sie sich an Ihre bisherigen Erfolge im Leben. Welche würden Sie als solche bezeichnen in: Kindheit, Jugend, Ausbildung, Beruf, Familie? Notieren Sie pro Lebensabschnitt mindestens zwei. Seien Sie stolz auf Ihre Erfolge, auch auf die kleinen!

Jumbojet: Systematische Desensibilisierung

Trainieren Sie den Umgang mit der Angst. Nehmen Sie jede Möglichkeit einer Prüfung war. Je häufiger Sie prüfungsähnliche Situationen erleben, desto sicherer werden Sie. Das bedeutet: Suchen Sie Wettkampfsituationen, zunächst auch auf anderen Gebieten, z. B. im Sport, bei Gesellschaftsspielen oder einem Fernsehquiz. Steigern Sie sich, indem Sie sich immer mehr der Prüfungssituation nähern. Erstellen Sie zunächst selbst einige Testfragen, die Sie beantworten. Stellen Sie dann einen Fragenkatalog zusammen und wählen zufällig Fragen aus, die Sie beantworten. Anschließend lassen Sie sich von Lernpartnern Fragen stellen.

Raumschiff: Selbsteinschätzung

Erwarten Sie ein Prüfungsergebnis, das Sie mit Anstrengung und hoher Wahrscheinlichkeit erreichen können. Zu hohe Erwartungen könnten sich im Nachhinein negativ auf Ihr Selbstbild auswirken. Vergleichen Sie Ihre aktuelle Leistung mit Ihrer eigenen früheren Leistung in dem Bereich und nicht mit der eines Weltmeisters.

Rettungshubschrauber: Lernen am Modell

Orientieren Sie sich an Mitlernern, die nicht unter Prüfungsangst leiden. Imitieren Sie deren Verhalten während der Prüfungsvorbereitung. Suchen Sie sich möglichst ein Vorbild, das ehrlich ist. Manch einer gibt nicht zu, wie viel er wirklich für eine Prüfung tut. Ein derartiger Blender taugt nicht als Modell.

Heißluftballon: Realistische Erwartung

Üben Sie, sich selbst richtig einzuschätzen. Notieren Sie vor jeder Prüfung, wie Sie Ihr Ergebnis einschätzen. Wenn Sie oft daneben liegen, dann trainieren Sie das Einschätzen auch bei Übungsaufgaben. Eine realistische Erwartungshaltung vermindert Ängstlichkeit.

Düsenjet: Teilziele

Senken Sie Ihr Anspruchsniveau und freuen Sie sich auch über Teilziele. Erheben Sie die Note 1 nicht zu Ihrem einzigen Glücksmoment. Messen Sie einem Prüfungserfolg keinen zu hohen Wert bei. Oder möchten Sie von anderen auf Ihre Eigenschaft als der 1er-Kandidat reduziert werden? Welche Werte sind Ihnen in Ihrer Persönlichkeit noch wichtig?

Drachenflieger: Herausforderungen
Suchen Sie sich Herausforderungen. Ein bekannter Drachenfliegertyp ist Pete Sampras. Sein Trainer ließ ihn in seiner Jugend immer gegen ältere Spieler höherer Spielklassen antreten. Pete verlor sehr oft. Doch an dieser Herausforderung wuchs er zum damals weltbesten Tennisspieler heran (vgl. tennis magazin, 1990, S. 47).

Allgemeine Tipps

1. **Eine für Sie erträgliche Menge an Anspannung aufrechterhalten!** Wer vor der Prüfung innerlich angespannt ist, leistet mehr.
2. **Sich gründlich auf die Prüfung vorbereiten.**
3. **Hemmende in ermutigende Gedanken umwandeln.**

Hilfe vom Umfeld – Die Fluglotsen

Immer wieder fragen mich Seminarteilnehmer, wie sie Ihre Kinder oder Lebenspartner beim Lernen unterstützen können. Sie möchten ihnen keine Angst machen, aber erkennen dennoch, wie wichtig Prüfungen sind. So können Sie prüfungsängstlichen Freunden und Verwandten helfen:

Top	Flop
▨ Zeigen Sie eine gesunde Erwartungshaltung: „Gib dein Bestes! Mehr kannst du nicht tun!"	▨ Unterstützen Sie kein Vermeidungsverhalten! Besorgen Sie dem gesunden Prüfling keine Krankschreibung.
▨ Stellen Sie sich zum Abfragen und für Prüfungssimulationen zur Verfügung. Machen Sie die Entspannungsübungen mit.	▨ Lenken Sie ihn nicht mit anderen Aktivitäten vom Lernen ab.
▨ Unterstützen Sie den Prüfling bei gesunder Ernährung und täglicher Bewegung an der frischen Luft.	▨ Bauen Sie keine zusätzliche Existenzangst auf: „Wir unterstützen dein Studium nur für die Regelzeit, wenn du länger brauchst, musst du selbst sehen, wie du das schaffst."

Top	Flop
▦ Belohnen Sie den Prüfling, wenn er in der Prüfung ruhig geblieben ist. Belohnen Sie nicht nach Leistung. ▦ Lassen Sie Misserfolge zu. Um Bewältigungsstrategien für schwierige Situationen zu entwickeln, ist es notwendig, Misserfolge zu erleben. Überbehütung schürt Ängste.	▦ Verbergen Sie Ihre eigenen Ängste und berichten Sie nicht lang und breit, wie Sie selbst bei Prüfungen Magenkrämpfe bekamen. Das ängstliche Verhalten von Eltern besitzt eine negative Vorbildfunktion. Das Kind wird dieses Verhalten automatisch übernehmen. Bezeichnet wird dieses Phänomen als Lernen am Modell.

Die Angst vor der Prüfung kann durch die Umlenkung hemmender Gedanken wesentlich verbessert werden. Zusätzlich gibt es für jede Lernerpersönlichkeit individuelle Bewältigungsstrategien. Diese werden im Kapitel 6 vorgestellt.

Individuelle Tipps für Fluglotsen

Passagiermaschine
Hören Sie dem Passagiertyp zu. Lassen Sie sich die Prüfungsinhalte erzählen, auch wenn Sie sich in dem Thema nicht auskennen.

Segelflieger
Gönnen Sie dem Segelflieger Zeit für sich. Unterbrechen Sie ihn nicht beim Lernen und haben Sie Verständnis, wenn er zum Erholen gern für sich ist.

Jumbojet
Fragen Sie den Jumbojettyp, wo er noch Widersprüche sieht. Haken Sie nach! Dass sich beim Lernen keine Fragen ergeben, gibt es nicht!

Raumschiff
Der Raumschifftyp denkt oft voraus. Erinnern Sie ihn an das Hier und Jetzt und seinen Streckenplan. Fragen Sie ihn, welche Teilziele er in dieser Woche schon erreicht hat.

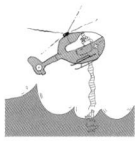

Rettungshubschrauber

Legen Sie nicht jedes Wort des Rettungsfliegers auf die Goldwaage. Er ist in der Prüfungsvorbereitung sehr auf sein Ziel fokussiert und nimmt sein Umfeld kaum wahr. Zwingen Sie ihn auch nicht zu großen gemeinsamen Aktivitäten. Erfreuen Sie sich lieber an gemeinsamen Mahlzeiten und dem täglichen Spaziergang.

Heißluftballon

Verschieben Sie Diskussionen über Ihre Beziehung auf die Zeit nach der Prüfung. Halten Sie dem Heißluftballontyp den Rücken frei. Entschuldigen Sie ihn bei Freunden und Verwandten, wenn er keine Zeit für sie hat. Geben Sie ihm ein Gefühl von Geborgenheit. Blocken Sie Selbstmitleid jedoch schon in den ersten Ansätzen ab. Natürlich auf nette, humorvolle Weise!

Düsenjet

Achten Sie mit darauf, dass der Düsenjetpilot nicht über seine eigenen Grenzen geht. Sie helfen ihm, wenn Sie ihn gesund bekochen, ihm regelmäßig Wasser bringen und seinen Lernort gut lüften. Falls er Schlafschulden ansammelt, überreden Sie ihn, genügend zu schlafen. Denn: Ausgeruht lernt es sich effizienter!

Drachenflieger

Stellen Sie dem Drachenflieger Materialien zur Verfügung, um seine Unterlagen zu ordnen. Bieten Sie ihm Hefter, Ordner, Heftstreifen, Karteikarten, Merkhefte, DIN A3 Papier und bunte Stifte an. Wenn ihm die Materialien jederzeit zur Verfügung stehen, wird er automatisch seine Unterlagen übersichtlicher gestalten.

Allgemeine Tipps

1. **Als Fluglotse die Lerner in Ihrem Umfeld unterstützen.**
2. **Dabei auf die individuelle Lernerpersönlichkeit eingehen.**

6. Die Prüfung
oder: Eine weiche Landung

Was bedeutet die Landung für einen Piloten? Er sehnt sie in der Regel herbei, denn zu landen bedeutet anzukommen. Wie Sie persönlich Ihr Flugobjekt sanft zu Boden bringen und Ihre Prüfung erfolgreich bestehen, erfahren Sie im Folgenden.

Die mündliche Prüfung

Der erste Schritt ist die Vorbereitung. Informieren Sie sich über die konkreten Prüfungsbedingungen. Je mehr Sie vorher über die Prüfung herausfinden, desto wahrscheinlicher ist die erfolgreiche Landung. Nachdem Sie alle Übungen dieses Kapitels gemacht haben, werden Sie sogar einen Teil der Prüfungsfragen schon vorher kennen! Sie werden als aktiver Prüfling Ihre Prüfung mitgestalten.

Sich vorher informieren

Informationen zur Prüfung und ihrem Ablauf
Holen sie mithilfe der folgenden Checklisten alle prüfungsrelevanten Informationen ein.

Checkliste: Prüfung

1. **Informationen über den Landeplatz**
   ☐ Adresse des Prüfungsortes
   ☐ Raum

2. **Öffnungszeiten des Landeplatzes**
   ☐ Prüfungsbeginn
   ☐ Wann muss ich spätestens losgehen?
   ☐ Prüfungsdauer
   ☐ Zeitvorgabe für die einzelnen Prüfungsteile
   ☐ Vorbereitungszeit
   ☐ Erlaubte Hilfsmittel

3. **Anzahl der Landebahnen**
   ☐ Anzahl der Prüfer
   ☐ Davon frageberechtigte Personen

Versuchen Sie, auch in dieser Tabelle jede Frage zu beantworten.

Checkliste: Mündliche Prüfung 1

---

1. Frequenz des örtlichen Funks – Die Wellenlänge Ihrer Prüfer
☐ Spezialgebiete und Lieblingsthemen der Prüfer
☐ Wird Wert auf besondere Kleidung gelegt, wie Anzug oder Kostüm?
☐ Verstehen sich die Prüfer untereinander oder sind Spannungen zu erwarten?
☐ Haben die Prüfer Humor?

2. Hören Sie den Funk schon möglichst früh mit, um sich einzustimmen.
☐ Nehmen Sie vorher als Gast an anderen Prüfungen teil
(Das ist oft erlaubt, jedoch vielen unbekannt).
☐ Wird ein Kurzvortrag von Ihnen gewünscht?
☐ Ist die Prüfung als Gespräch angelegt?
☐ Wird Detailwissen abgefragt?
☐ Welche Fragen wurden ehemaligen Prüflingen gestellt?
☐ Besorgen Sie sich Prüfungsprotokolle und reden Sie mit ehemaligen, erfolgreichen Prüflingen.

Wer die Landebedingungen kennt, ist auf der sicheren Seite.

Der Prüfungsinhalt

Die drei Wissensebenen Der wichtigste Punkt ist natürlich die inhaltliche Vorbereitung. Die geht am leichtesten, wenn Sie die Prüfungsfragen vorher kennen. Zu diesem Zweck werden Sie jetzt Ihre hellseherischen Fähigkeiten ausbilden, denn einiges können Sie herausfinden. Generell gibt es drei Ebenen, die abgeprüft werden.

1. Ebene Die erste Ebene entspricht der Wiedergabe von Wissen. Hier geben Sie gelerntes Wissen wieder. Das können Fachbegriffe, Definitionen, Formeln, Schlüsselbegriffe, Inhaltsangaben von bekannten Texten und Theorien sein. Es können aber auch methodische Kenntnisse geprüft werden. Dann wird zum Beispiel bewertet, wie Sie vorgehen, um eine Aufgabe zu lösen. Gerade in Rechtsprüfungen wird beobachtet, wie strukturiert Sie arbeiten.

Auf der zweiten Ebene wenden Sie Ihr Wissen an. Die Anwendung bedeutet, dass Sie Ihr Wissen in einer Aufgabe anwenden. Das ist dann die Bearbeitung eines Ihnen bisher unbekannten Problems. Das können sogenannte Fallstudien sein. Die Lösung eines Problems aus der Praxis wird beispielsweise im Bewerbungsgespräch von Unternehmensberatungen gefordert. Die folgende Frage stammt von einem Seminarteilnehmer. Sie wurde ihm bei einer der weltweit größten Beratungsfirmen gestellt: „Stellen Sie sich vor, der Vorstandschef einer großen deutschen Bank bittet Sie darum, den Kleinkundenanteil zu erhöhen. Was sagen Sie ihm?" Bei einer Frage dieser Art wird das gelernte Wissen nicht gesondert geprüft, sondern in der Anwendung gezeigt.

2. Ebene

Auf der dritten Ebene bewerten Sie Wissen. Diese Stufe erfordert die anspruchsvollste Denkleistung. Das kann das Hinterfragen des Wissens, ein Vergleich mit einem anderen Fall oder die Einordnung in einen größeren Zusammenhang sein. Fragen Sie sich vorher: Wo liegen die zentralen Punkte? Worüber kann man unterschiedlicher Meinung sein und diskutieren? Wo liegen Schwachstellen der behandelten Theorien? Wie ist meine eigene Position?

3. Ebene

Düsen Sie die drei Wissensebenen hinauf.

Machen Sie nun ein Gedankenexperiment. Stellen Sie sich vor, Sie seien der Prüfer. Überlegen Sie sich genau, wie Sie diese drei Ebenen bei Ihrem Thema abprüfen würden. Notieren Sie möglichst viele Fragen und Aufgabentypen!

Experiment

Sie werden gemerkt haben, dass es nicht einfach ist, die drei Ebenen getrennt abzufragen. Aus diesem Grund werden die ersten beiden Ebenen oft zusammen geprüft.

Auswertung

Das Prüfungsverhalten

Vielen meiner Seminarteilnehmer ist nicht klar, dass sie den Prüfungsverlauf durchaus beeinflussen können. Sie nehmen an, dass der Prüfer vorher 20 Fragen aufschreibt, die er ihnen dann nacheinander stellt. Das ist in 99 % der Prüfungen nicht der Fall. Es entwickelt sich vielmehr ein Gespräch. Und woraus entwickelt es sich? Zum Großteil aus dem, was Sie sagen. Aus Ihren Antworten! Sie inspirieren sozusagen Ihren Prüfer zur nächsten Frage. Aus diesem Grund lohnt es sich, das Verhalten in der Prüfung vorher zu trainieren. Das können Sie praktisch in einer Prüfungssimulation oder mental in Ihren Gedanken tun. Trainieren Sie ein aktives Verhalten! Übernehmen Sie als Prüfling eine aktive Rolle! Dazu gehört, Wissen anzubieten. Damit ist gemeint, dass Sie auf eine Frage nicht nur knapp antworten, sondern Ihr weiteres Wissen mitliefern.

Negativbeispiel

Prüfer: Wie würden Sie diese Aussage einstufen? Eine Frau steht mit ihrem Auto an der Ampel. Es wird grün. Ihr Mann sagt: „Die Ampel ist grün."
Prüfling: Der Mann appelliert an die Frau loszufahren.

Positivbeispiel

Prüfling: „Nach dem Vier-Seiten-Modell von Schulz von Thun steht hier für mich die Appellseite im Vordergrund. Der Mann fordert seine Frau auf, loszufahren. Die anderen drei Seiten einer Nachricht sind die Beziehungsseite, der Sachinhalt und die Selbstoffenbarung" (vgl. Kapitel 4).

Auf diese Weise bietet der Prüfling Möglichkeiten für weitere Fragen an. Der Prüfer kann nun nach den anderen drei Seiten fragen. Gleichzeitig hat der Prüfling sein Wissen zusammengefasst. Dazu benutzte er eine Aufzählung: Beziehungsseite, Sachinhalt und Selbstoffenbarung. Mittels Aufzählungen können Sie in kurzer Zeit viel Wissen zeigen.

Der aktive Prüfling bekommt die besten Fragen.

Checkliste: Mündliche Prüfung 2

Für den aktiven Prüfling

- [ ] **Bieten Sie Ihr Wissen an.**
- [ ] **Leiten Sie geschickt zu anderen Fragen über:** „In dem Zusammenhang stellt sich auch die Frage nach…".
- [ ] **Sagen Sie das Wichtigste zuerst.** Sie wissen nie, wann Sie unterbrochen werden!
- [ ] **Komprimieren Sie Ihr Wissen in Aufzählungen.**
- [ ] **Geben Sie anschauliche Beispiele,** besonders zu Ihren theoretischen Ausführungen. Daran erkennt die Kommission, dass Sie auch verstehen, wovon Sie reden.
- [ ] **Stellen Sie sich auf Gedankensprünge Ihrer Prüfer ein.** Nur so kann die Kommission sehen, ob Sie die Zusammenhänge verstanden haben.
- [ ] **Verwenden Sie Fachbegriffe.**
- [ ] **Nennen Sie von sich aus nur die Schlüsselwörter und Fachbegriffe, die Sie auch erklären können.** Es kann gut sein, dass Ihr Prüfer an einer Stelle nachhakt.
- [ ] **Beherrschen Sie die Namen der wichtigsten Vertreter des Fachgebietes.** Bei ausländischen Namen vergewissern Sie sich vorher, wie man die Namen ausspricht. Das verleiht Ihnen Souveränität und Sicherheit.
- [ ] **Senden Sie positive Körpersignale.** Sehen Sie Ihrem Prüfer in die Augen. Sitzen Sie aufrecht, nach vorne gelehnt und lächeln Sie, wenn es sich anbietet.
- [ ] **Reden Sie in normalem Sprechtempo.** Aus Rücksicht auf den Protokollanten wird man Sie vielleicht bitten, etwas langsamer zu sprechen.

Das Sprechtempo

Ich habe als Prüferin bereits jemanden erlebt, der so langsam sprach, dass wir ihn nur den halben Stoff prüfen konnten. Das wirkte sich natürlich negativ auf die Note aus. Häufiger geschieht es jedoch, dass ein Prüfungskandidat sehr schnell spricht. Bei vielen ist das die Aufregung, die sich nach fünf Minuten legt. Dagegen ist eigentlich nichts zu sagen, solange sie verständlich sprechen.

Verhalten bei plötzlich auftretendem Bodennebel
Trotz dieser gründlichen Vorbereitung können Sie vielleicht auf die eine oder andere Frage nicht sofort antworten. Also was tun, wenn Sie Zeit zum Denken brauchen?

Wer Zeit zum Denken braucht, der nehme sich Denkzeit.

Tricks zum Zeit gewinnen Viele Prüfungen sind als Gespräch angelegt, in dem Sie Ihre Gedanken entwickeln sollen. Deshalb können Sie auch einmal sagen: „Da muss ich mal kurz nachdenken. So habe ich das noch nicht betrachtet." Eine andere Möglichkeit Zeit zu gewinnen ist, das Gesagte zu wiederholen oder die Frage des Prüfers zu paraphrasieren: „Wie ich es verstanden habe, möchten Sie wissen, ..." Sie können auch den Prüfer um die Wiederholung der letzten Frage bitten: „Könnten Sie die Frage bitte noch einmal wiederholen?" In vielen Prüfungen steht vor dem Prüfling ein Glas Wasser. Sie können sich jedoch auch Ihre eigene Flasche mitbringen. Trinken Sie einen Schluck. Die Mitleidstour sollte unter Ihrem Niveau sein. Sagen Sie nicht: „Heute Morgen wusste ich es noch, ehrlich!" Diese Aussage hilft niemandem. Sie signalisieren damit Hilflosigkeit und Verzweiflung.

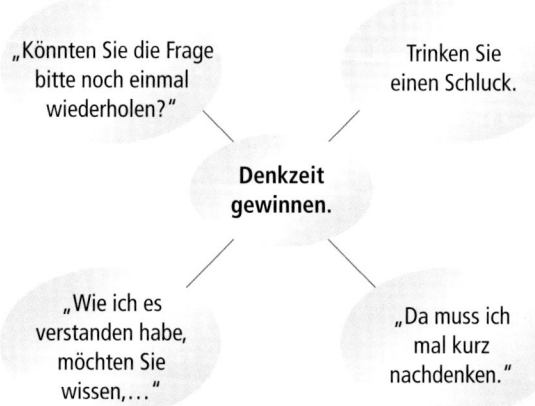

Keine Reaktion vom Tower –
Wenn Ihre Prüfungskommission reglos bleibt

Meistens ist es den Prüfern nicht gestattet, Reaktionen zu zeigen. Sie dürfen laut der Prüfungsordnung nicht zu erkennen geben, ob das Gesagte richtig oder falsch ist. Es kann bei disziplinierten Prüfungskommissionen sogar sein, dass keiner auch nur eine Regung auf Ihre Antworten zeigt. Weder ein Lächeln noch ein Kopfnicken.

Lassen Sie sich davon nicht beeinflussen. Es gibt andere Zeichen, an denen Sie ablesen können, wie die Prüfung gerade läuft. Der schnelle Übergang zur Problematisierung ist eindeutig ein gutes Zeichen. Wenn Sie jedoch kein gelerntes Wissen wiedergeben können, werden die Prüfer sehr lange bei dieser ersten Stufe verweilen. Sie werden versuchen, irgendetwas zu finden, das Sie wissen.

Die Zeichen der Prüfer richtig deuten

Ein weiteres Signal sind die sogenannten „Einhilfen". Der Prüfer macht eine Einhilfe, wenn er Ihnen mit einer Frage bei der Beantwortung der vorigen hilft. Das passiert, wenn Sie auf dem falschen Weg sind oder gar nichts sagen. Je weniger Einhilfen Ihnen gegeben werden, desto besser ist in der Regel das Prüfungsergebnis.

Wie die Prüfung läuft, erkennen Sie an den Fragen, die man Ihnen stellt.

Individuelle Tipps für die mündliche Prüfung

Passagiermaschine

Bereiten Sie Vorträge zu den möglichen Prüfungsthemen vor. Halten Sie diese Vorträge vor anderen. Simulieren Sie eine Prüfung und übernehmen Sie dabei die Rolle des Prüflings.

Segelflieger

Sehen Sie bei einer Prüfungssimulation zu oder spielen Sie einen der Prüfer. Schreiben Sie möglichst viele Prüfungsfragen auf und beantworten Sie diese laut.

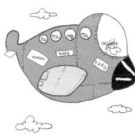

Jumbojet

Stellen Sie die Zusammenhänge in einem Schema dar. Markieren Sie die Verknüpfungspunkte. Das sind die Stellen, an denen Ihr Prüfer zu einem anderen Teil überleiten kann.

Raumschiff

Bereiten Sie sich auch auf die Wiedergabe von Wissen vor. In der Regel wird zuerst das Wissen abgefragt, bevor Sie zur Problematisierung kommen dürfen.

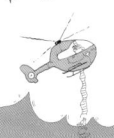

Rettungshubschrauber

Seien Sie in der Prüfung nicht zu ehrlich. Sagen Sie nicht, was Sie nicht wissen, sondern bieten Sie Ihr Wissen an. Fragen Sie den Prüfling vor Ihnen, was er gefragt wurde und welche Frage ihn überrascht hat. Welche Fragen wären die schlimmsten, die Ihnen gestellt werden könnten? Notieren Sie diese und suchen Sie nach den Antworten.

Heißluftballon

Vermeiden Sie eine Begegnung mit dem Prüfling vor Ihnen. Eine negative Aussage könnte Sie emotional kurz vor Ihrer Prüfung durcheinanderbringen. Sehen Sie sich den Prüfungsraum vorher einmal an. In einer vertrauten Umgebung fühlen Sie sich wohler. Sollte es Ihnen schwer fallen, sich Prüfungsfragen und Aufgabentypen auszudenken, dann setzen Sie sich dazu mit einem Rettungshubschrauber zusammen.

Düsenjet

Vermeiden Sie den Blick auf die Uhr. Das könnte von der Prüfungskommission als unhöflich aufgefasst werden. Einem verärgerten Prüfer könnten daraufhin noch zusätzliche Fragen einfallen.

Drachenflieger

Bauen Sie bei einem Prüfungsgespräch kein komplexes Gedankengerüst auf. Es könnte sein, dass Sie mittendrin unterbrochen werden.
Versetzen Sie sich in die Prüfungskommission. Prüft sie schon den ganzen Tag? Dann ist es den Prüfern vielleicht recht, wenn Sie viel reden. Auch ein bisschen Humor zur Auflockerung kann hier gut ankommen.

Allgemeine Tipps

1. **Die Landebedingungen auskundschaften.**
2. **Die drei Wissensstufen hinaufsteigen.**
3. **Ein aktiver Prüfling sein.** Wer aktiv seine Prüfung mitbestimmt, bekommt die besten Fragen.
4. **Sich Denkzeit nehmen.**
5. **An den Fragen erkennen, wie die Prüfung läuft.**

Die schriftliche Prüfung

Nicht nur den Verlauf Ihrer mündlichen Prüfung können Sie beeinflussen. Auch auf die Korrektur Ihrer Klausur können Sie einwirken! Wie man das mit legalen Mitteln macht, erfahren Sie jetzt. Außerdem erhalten Sie Hinweise, wie Sie Pannen vermeiden, mit der Zeit auskommen und Sicherheit erlangen können.

Die Perspektive des Korrektors

Versetzen Sie sich in die Lage desjenigen, der Klausuren korrigiert. Zum einen lernen Sie inhaltlich sehr viel, wenn Sie die Dozentenrolle übernehmen. Zum anderen wird diese Erfahrung Ihr Verhalten in Klausuren nachhaltig verändern! Diese Übung führt zu einer enorm wichtigen Erkenntnis. Deshalb besorgen Sie sich schnell fremde Übungsaufgaben oder eine Probeklausur und korrigieren Sie diese!

Übung

Ein Satz trifft zu. Welcher?

☐ Für unübersichtliche Klausuren braucht ein Korrektor genauso lange wie für übersichtliche.

☐ Ein Korrektor bekommt jede Stunde bezahlt, die er für die Korrektur einer Klausur benötigt.

☐ Den Rotstift möglichst oft einzusetzen, ist die Lieblingsbeschäftigung von Korrektoren.

☐ Eine übersichtliche Klausur erleichtert die Korrektur ungemein.

171

Natürlich ist der richtige Satz der letzte. Je mehr sinnlose Zeit ein Korrektor in Ihre Klausur stecken muss, desto schlechter wird seine Laune. Wollen Sie das? Wohl kaum. Denn Korrektoren sind auch nur Menschen. Ein missgestimmter Korrektor könnte den einen oder anderen Fehler entdecken, den er bei einem positiven Gesamteindruck unbewusst übersehen würde.

Eine Korrektur ist maximal zu 90 % objektiv.

Die Objektivität variiert je nach Prüfungsfach und Prüfer. Oft gibt der Gesamteindruck den Ausschlag. Vor allem, wenn Sie zwischen zwei Noten stehen. Und diesen Spielraum gilt es auszunutzen!

Gestalten Sie Ihre Klausur so übersichtlich wie möglich.

Das geht auch leicht, wenn man keine schöne Schrift hat. Die folgenden Vorschläge kosten Sie keine Zeit, vielmehr gewinnen Sie Zeit. Auch werden Sie sich in Ihrer Klausur besser zurechtfinden und können noch nachträglich Ideen einfügen.

Checkliste: Schriftliche Prüfung 1

So stimmen Sie den Korrektor positiv

- ☐ Üben Sie vorher per Hand zu schreiben, falls Sie sonst nur am PC arbeiten.
- ☐ Sollten Berechnungen zu machen sein, üben Sie vorher den Umgang mit dem Taschenrechner.
- ☐ Schütteln Sie bei längeren Klausuren zwischendurch die Hand aus, damit sich Ihre Schrift nicht verschlechtert.
- ☐ Falls Sie eine schlechte Schrift haben, schreiben Sie unbedingt mit einem Füller.
- ☐ Nummerieren Sie die Seiten durch. Damit nehmen Sie dem Korrektor viel Arbeit ab, sollten die Seiten durcheinandergeraten.
- ☐ Machen Sie ausreichend Absätze.
- ☐ Lassen Sie evtl. nach jeder Zeile eine Zeile frei. Verbesserungen können Sie dann in die Leerzeile einfügen. Auf diese Weise wird die Übersichtlichkeit nicht beeinträchtigt.
- ☐ Lassen Sie mindestens den geforderten Korrekturrand.

Effizientes Vorgehen

Klausuren haben immer eine vorgeschriebene Dauer. Diese darf nicht überschritten werden. Anders als bei einer Hausarbeit oder einem Projekt, für die Sie Überstunden oder häusliche Nachtarbeit einlegen können, müssen Sie mit der vorgegebenen Zeit auskommen. Um Klausuren erfolgreich zu bestehen, ist folglich ein effizientes Verhalten notwendig.

Effizientes Vorgehen verleiht Flügel.

Checkliste: Schriftliche Prüfung 2

Seien Sie effektiv

☐ **Lesen Sie die Aufgabenstellung gründlich.** Manchmal sind einzelne Wörter entscheidend.

☐ **Beachten Sie die Punkteverteilung.** Markieren Sie die Aufgaben, die am meisten zählen. Teilen Sie sich Ihre Zeit dementsprechend ein. Das heißt: Viel Zeit für Aufgaben mit vielen Punkten, wenig Zeit für Aufgaben mit wenig Punkten.

☐ **Schreiben Sie die Antworten während der Klausur nicht vor!** Eine Abschrift ist in der Bearbeitungszeit nur in der Grundschule vorgesehen.

☐ **Beginnen Sie mit den einfachen Aufgaben,** bei denen Sie sicher sind.

☐ **Haken Sie die bearbeiteten Aufgaben ab** oder streichen Sie diese durch. So vermeiden Sie, eine Aufgabe zu vergessen.

☐ **Kontrollieren Sie regelmäßig, ob Sie in der Zeit liegen.** Legen Sie sich eine Uhr (oder einen Wecker) gut sichtbar auf den Tisch.

☐ **Sorgen Sie für ausreichend Papier und Schmierpapier.** Denn: beschränkter Platz = beschränktes Denken.

☐ **Geben Sie grundsätzlich auch Ihre Schmierblätter mit ab.** Es kommt immer wieder vor, dass Prüflinge versehentlich ein Blatt ihrer Klausur mit nach Hause nehmen. Außerdem werden Schmierblätter manchmal positiv mit in die Bewertung einbezogen.

☐ **Notieren Sie als erstes Ihr Wissen aus dem Kurzzeitgedächtnis auf dem Aufgabenblatt:** wichtige Regeln, Formeln und Ihre Akronyme (Kap. 4). Sie können während der Klausur jederzeit darauf zurückgreifen. Damit verhindern Sie ein totales Blackout und können nicht des Schummelns bezichtigt werden. Notieren Sie auch die Sätze oder Regeln, die Sie beim Lernen immer wieder vergessen haben.

Trainieren Sie sich effizientes Verhalten in Klausuren an. Sollten Sie dazu keine Zeit mehr haben, dann verinnerlichen Sie diese Liste und wenden Sie die Tipps in Ihrer bevorstehenden Prüfung an. Vielleicht dürfen Sie die Liste auch während der Klausur benutzen. Fragen Sie Ihren Prüfer.

Individuelle Tipps für die schriftliche Prüfung

Passagiermaschine

Bewegen Sie Ihre Lippen beim Denken mit. Das kann beim Lesen der Aufgabenstellung und auch beim Schreiben sein.

Segelflieger

Erstellen Sie sich eine grobe Gliederung, bevor Sie mit dem Schreiben beginnen.

Jumbojet

Erstellen Sie vor der Klausur den perfekten Spickzettel. Verwenden Sie dazu großes Papier. Das Wissen prägen Sie sich dadurch so gut ein, dass Sie während der Klausur auf den Zettel verzichten können.

Raumschiff

Schreiben Sie eine Probeklausur unter möglichst echten Klausurbedingungen. Begrenzen Sie die Bearbeitungszeit auf die reale Klausurdauer!

Rettungshubschrauber

Geben Sie nur als Erster ab, wenn Sie sich Ihres Erfolges sicher sind. Es könnte jederzeit etwas passieren, das Ihre Klausur noch verbessern würde. Der Dozent könnte noch einen Tipp geben. Sie könnten zufällig vom Nachbarn die Lösung sehen. Sie könnten bemerken, dass Sie eine Aufgabe übersehen haben und deshalb so früh fertig sind. Es könnte Ihnen etwas einfallen, das Sie vergessen glaubten. Dazu ist es nicht nötig, dass Sie sich mit Ihrer Klausur beschäftigen. Sie können Ihre Papiere ordnen und etwas essen oder trinken, Bildchen malen oder aus dem Fenster sehen.

Heißluftballon

Riskieren Sie nicht zuviel, wenn Sie jemandem in der Klausur helfen wollen! Sehen Sie zu, dass derjenige das größere Risiko trägt. Ansonsten sind Sie vielleicht der Dumme.

Düsenjet

Manchmal sind die Dozenten bei einer Klausur großzügig und gewähren fünf bis zehn Minuten mehr Zeit. Geben Sie deshalb nicht überpünktlich ab, wenn Sie noch etwas zu tun haben. Warten Sie, wie der Dozent sich verhält.

Drachenflieger
Sie ändern oft noch etwas oder nehmen Ergänzungen an Ihrer Klausur vor? Dann lassen Sie nach jeder bearbeiteten Aufgabe eine halbe Seite frei. So können Sie jederzeit noch etwas hinzufügen.

Allgemeine Tipps

1. **Die Korrektur beeinflussen.**
2. **Den Korrektor positiv stimmen – durch übersichtlich gestaltete Klausuren.**
3. **In der Klausur effizient vorgehen.**

Jetzt bleibt mir nur noch, Ihnen eine erfolgreiche Prüfung zu wünschen! Piloten wünschen sich: Happy landings!

Lösungen

Übung: Wie sind die Aufgaben verteilt? (Seite 39)

Die rechte Gehirnhälfte erinnert sich an das Aussehen und die Stimme des Schauspielers. Da er zu Ihren Lieblingsschauspielern zählt, sind auch Emotionen beteiligt. Die linke Gehirnhälfte liefert jedoch den Namen nicht. Der Austausch der beiden Gehirnhälften über das Kabel funktioniert nicht.

Übung: Redensarten (Seite 62)

Mögliche Lösungen:

- Wie man isst, so arbeitet man.
- Die Denkfertigkeit bleibt nicht gleich rege, wenn man sich gehen lässt. (Plutarch)
- Essen und Trinken halten Leib und Seele beisammen.
- Sauer macht lustig.
- Liebe geht durch den Magen!

Übung: Streckenplan (Seite 80)

a) Trifft zu. Bereits am 18. März schließt er dieses Thema ab und legt es zur Seite. Wird er sich vier Wochen später noch daran erinnern können? Sehr wahrscheinlich nicht. Es fehlt offensichtlich die Gesamtwiederholung.

b) Trifft eventuell zu. Inhaltlich hat er sich zwar auf das Thema Gestaltung vorbereitet, doch ob er das Zeichnen geübt hat, geht aus dem Plan nicht hervor. Er sollte den Plan ausführlicher gestalten und darauf achten, dass er sich auf die verschiedenen Aufgabentypen vorbereitet. Dabei gilt: Welcher Aufgabentyp muss eventuell noch geübt werden? Welche Kriterien sind einzuhalten, welche Methoden anzuwenden?

c) Trifft nicht zu. Im Plan sind Betriebsführung und Berechnungen notiert.

Übung: Negativbeispiel Mindmap (Seite 108)

Schreibschrift, keine Großschreibung, Äste hängen in der Luft, Wörter auf dem Kopf und dadurch nicht lesbar

Experiment 1 (Seite 113)

a) ein Schnalz b) Humps Dumps c) Er grumpfelte und mumpfelte.

d) ein kurzes Treffen von zwei Wesen

Experiment 3 (Seite 117)

a) „Der Götz von Berlichingen" und „Die Räuber" b) Kraftgenie
c) unregelmäßig d) gegen Konvention und Autorität

Übung Oberbegriffe (Seite 126 u. 127)

a) 1. Bodenbeläge, 2. Comics oder Comic-Helden, 3. Schokoriegel,
   4. Staatsformen, 5. Süßigkeiten

b) *Mögliche Lösungen:* 1. Verhalten im Bewerbungsgespräch,
   2. Sprachlernvoraussetzungen, 3. Kreativitätsblocker oder Kil-
   lerphrasen, 4. Anmachsprüche, 5. Hindernisse

Positivformulierungen (Seite 154–156)

a) Beschäftigung mit Misserfolg

1. Irgendetwas wird mir bestimmt einfallen, denn ich habe mich vorbereitet.

2. Jeder Mensch hat mal Glück und mal Pech. Außerdem hängt der Prüfungserfolg in erster Linie von meinem Können ab.

3. Es kommt bestimmt etwas dran, das ich gut gelernt habe. Schließlich habe ich mich vorher erkundigt, welche Themen gewöhnlich geprüft werden.

4. Auch ich kann es lernen, Prüfungen zu bestehen. Je öfter ich mich prüfungsähnlichen Situationen aussetze, desto besser werde ich mich in Prüfungen fühlen.

5. Mit kleinen Tricks, wie z. B. den Akronymen (vgl. Kapitel 4), kann ich sicher sein, dass mir das Gelernte in der Prüfung einfällt.

6. Ich biete mein Wissen an und beeinflusse damit den Verlauf der Prüfung. Außerdem bestehen die meisten Prüfungskommissionen aus mehreren Prüfern. Mit meiner Leistung bestimme ich maßgeblich die Bewertung.

7. Sollte ich durchfallen, dann wiederhole ich die Prüfung und werde aus meinen Fehlern lernen. Da ich schon bis zu dieser Prüfung gekommen bin, ist es unwahrscheinlich, dass ich sie nie bestehen werde. In diesem Fall würde ich mir ein Fach suchen, das besser zu mir und meinen Interessen passt.

8. Viele Menschen sind schon einmal durch eine Prüfung gefallen. So fallen z. B. 30 % der Fahrschüler beim ersten Mal durch die Führerscheinprüfung. Zahlreiche Erfolgsmenschen sind in der Schule einmal sitzen geblieben.

b) Negative Einstellung zum Erfolg

Wenn ich eine Eins schreibe,

1. dann helfe ich ihr bei der nächsten Klausur, damit sie auch eine Eins schreibt.
2. dann komme ich meinem Ziel näher und eröffne mir viele Möglichkeiten.
3. freue ich mich über meinen Erfolg, spiele es in meiner Familie etwas herunter. Jeder ist für sich selbst verantwortlich.
4. werden sie sich daran gewöhnen, dass ich auch was drauf habe.
5. bin ich stolz auf mich und meine Leistung.
6. freue ich mich und gebe auch in Zukunft mein Bestes. Mehr kann ich nicht tun.
7. + 8. ist das mein Können.

c) Für die künftige Prüfung hemmende Gedanken nach einem Misserfolg

1. + 2. Für Mathe muss ich mehr tun als für andere Fächer.
3. An Mathe hat meine ganze Familie keinen Spaß. Deshalb ist jede Mathearbeit eine Herausforderung an meine Motivation. Mit Belohnungen und anderen Tricks (Kapitel 3) schaffe ich auch das.
4. + 5. Für meine Note bin ich selbst verantwortlich.
6. Wenn es wirklich an den Bauchschmerzen lag, sollte ich mich beim nächsten Mal krankschreiben lassen. Trotz Bauchweh kann man durchaus noch eine Drei oder Vier schreiben.
7. Mag sein, aber zum Großteil lag es an mir und meiner Vorbereitung.
8. Ich werde nächstes Mal anders lernen, (z. B. mehr, mit einem Nachhilfelehrer, mehr Übungen machen, die Formeln auswendig lernen, rechtzeitig anfangen…)

d) Ablenkung

1.+2. Ich werde konzentriert in die Prüfung gehen und mich anstrengen.

179

3. Erst einmal die Prüfung absolvieren und dann sehe ich, was ich danach mache. Ich werde meine Energie bündeln und meine ganze Aufmerksamkeit der Prüfung widmen.

4. Ich werde effizient den Aufgabentext lesen, wie ich es in Kapitel 4 geübt habe.

5. Ich nehme diese Geräusche wahr, lasse sie jedoch durch meinen Kopf ziehen. So schnell wie sie in meinen Kopf kamen, sind sie auch wieder draußen. Wenn das nicht sofort hilft, dann nehme ich Ohropax mit in die Prüfung!

6. Ich konzentriere mich voll auf die Aufgaben, gehe Schritt für Schritt vor.

7. Ein breites Allgemeinwissen ist sehr zu begrüßen. Doch sich mit Themen zu beschäftigen, die einen weniger interessieren, bringt einen im Leben ebenfalls weiter.

Danksagung

Ein herzliches Dankeschön geht an alle, die mir bewusst oder unbewusst bei der Entstehung dieses Buches geholfen haben:

Martin Ciesielski (für viele anregende Gespräche!), Dr. Martin Eßer, Daniela Mangliers-Lach, Jörn Arnecke, Cristiana & Chiara, Katrin & Annegret, Micha & Nicole, Dr. Christian Koch, Simone Rücker, Felix Arndt, mein Göttergatte, Jörg Rübensam (für die Auskünfte zum Fliegen), Cathrin Krenz (für den Freiraum zum Experimentieren), Torsten & Arnold, Legron, Anne Berling, Alexander Holzach (für die angenehme und unkomplizierte Zusammenarbeit), Dr. Paolo Manganelli, Roland Stefani, Pamela, Neil, Dr. Ines Sauer, die DeutscheSchülerakademie (insbesondere Volker Brandt), Nikola Jurk (tennis magazin), der DAAD und die Sorbonne Nouvelle, das Französische Gymnasium in Berlin, Anne Vassevière, Dr. Guido Pupillo, Dr. Thomas Fiedler, Paul, Nada, Veronica Struck, Werner Weilhard und Barbara Jung-Schellin sowie die Professoren Simmler, Eggert und Hempfer (als meine Vorbilder für ausgezeichnete Prüfer), Dr. Thomas Henschel, der Career Service Network (besonders Marijan), Gisela & Swantje (für das Korrekturlesen), meine ehemaligen Schüler, Studenten, Studierenden und Seminarteilnehmer (für die Inspiration und das geduldige Ausfüllen der Feedback-Bögen!)

Ein besonderer Gruß geht an jeden, der schon einmal einen Kuchen für mich gebacken hat!

Sabine Grotehusmann

Literaturverzeichnis

Adams, Christine A., *Elfenhelfer. Dein inneres Kind erinnern*, 2. Auflage, Gutenstein/ Österreich: Sequoyah Verlag, 1999.

Ballinger, Erich, *Lerngymnastik für Kinder, Kinesiologische Übungen im Kindergarten- und Schulalter*, München: Droemer Knaur, 2001.

Benjamin, Harry, *Ohne Brille bis ins hohe Alter*, 30. Auflage, Freiburg im Breisgau: Bauer, 1998. Neuauflage, Augsburg: Weltbild, 2004. Leider sind alle Auflagen vergriffen. Falls Sie kein gebrauchtes Buch erstehen können, empfehle ich Ihnen stattdessen:
Goodrich, Jane, *Natürlich besser sehen*, 11. Auflage, Kirchzarten: VAK Verlag, 2006.

Birkenbihl, Vera F., *Mehr intelligente Kopf-Spiele*, Offenbach: GABAL Verlag, 2004.

Birkenbihl, Vera F., *Stroh im Kopf*, 47. Auflage, München: mvg Verlag, 2007.

Birker, Gabriele und Klaus, *Was ist NLP? Grundlagen und Begriffe des Neuro-Linguistischen Programmierens*, 6. Auflage, Reinbek: Rowohlt Taschenbuch Verlag, 2007.

black stories, 50 rabenschwarze Rätsel, moses Verlag GmbH.

Briggs, Isabel und Peter B. Myers: *Gifts Differing: Understanding Personality Type*. Mountain View: Davies-Black Publishing, 1995.

Bünting, Karl Dieter, *Redensarten, Sprichwörter, Geflügelte Worte*, Chur/Schweiz: Iris Verlag, 1995.

Carr, Allen, *Endlich Wunschgewicht. Der einfache Weg, mit Gewichtsproblemen Schluss zu machen*, Sonderausgabe, München: Wilhelm Goldmann Verlag, 2007.

Covey, Stephen R., *Die 7 Wege zur Effektivität, Prinzipien für persönlichen und beruflichen Erfolg*, 10. Auflage, Offenbach: GABAL Verlag, 2008.

Csikszentmihalyi, Mihaly, *Kreativität, Wie Sie das Unmögliche schaffen und Ihre Grenzen überwinden*, 7. Auflage, Stuttgart: Klett-Cotta, 2007.

Dahlke, Rüdiger, *Mandalas der Welt. Ein Mal- und Meditationsbuch*, 10. Auflage, Kreuzlingen/München: Hugendubel Verlag, 2006.

Dement, William C. und Christopher Vaughan, *Der Schlaf und unsere Gesundheit, Schlafstörungen, Schlaflosigkeit und die Heilkraft des Schlafs*, Bergisch Gladbach: Bastei Lübbe, 2002.

Dennison, Paul E. und Gail E. Dennison, *Brain-Gym*, 13. Auflage, Kirchzarten bei Freiburg: VAK Verlag, 2002. Nachdruck 2004 unter dem Titel: *Brain-Gym für Kinder*.

Edwards, Betty, *Das neue Garantiert zeichnen lernen, Kreative Kräfte wecken*, insgesamt 26. Auflage, Reinbek: Rowohlt Taschenbuch Verlag, Sonderausgabe 2007.

Europäische Kommission (Hrsg.), *Wer macht was in der Europäischen Union?*, Luxemburg: Amt für amtliche Veröffentlichungen der Europäischen Gemeinschaften, 2001.

Felder, Richard, „Learning and Teaching Styles in Engineering Education," *Engr. Education*, 78(7), 674–681, 1988, auf: http://www4.ncsu.edu/unity/lockers/users/f/felder/public/Learning_Styles.html

Felder, Richard, „Reaching the Second Tier: Learning and Teaching Styles in College Science Education." *J. College Science Teaching*, 23(5), 286–290, 1993, auf: http://www.ncsu.edu/felder-public/Papers/Secondtier.html

Gawain, Shakti, *Stell dir vor. Kreativ visualisieren*, Neuausgabe, Reinbek: Rowohlt Taschenbuch Verlag, 2004.

Helbig Gerhard und Joachim Buscha, *Deutsche Grammatik, Ein Handbuch für den Ausländerunterricht*, insgesamt 20. Auflage, Leipzig: Langenscheidt Verlag, 2001.

Hoffmeister, Heribert (Hrsg.), *Anekdotenschatz, Von der Antike bis auf unsere Tage*, Berlin: Verlag Praktisches Wissen, 1974.

Johnstone, Keith, *Theaterspiele, Spontaneität, Improvisation und Theatersport*, 4. Auflage, Berlin: Alexander Verlag, 2002.

Jung, Carl Gustav, *Typologie*, 8. Auflage, München: Deutscher Taschenbuch Verlag, 2006.

Kaplan, David Michael, *Wie Geschichten packender, Charaktere plastischer, Dialoge stärker und Beschreibungen anschaulicher werden*, Frankfurt am Main: Zweitausendeins, 2002.

Kirckhoff, Mogens, *Mind Mapping, Einführung in eine kreative Arbeitsmethode*, 12. Auflage, Offenbach: GABAL, 2004.

Knischek, Stefan (Hrsg.), *Lebensweisheiten berühmter Philosophen, 4000 Zitate von Aristoteles bis Wittgenstein*, 6. überarb. Auflage, Baden-Baden: Humboldt Verlag, 2007.

Krohne, Heinz W., *Angst und Angstbewältigung*, Stuttgart: Kohlhammer, 1996.

LeBoeuf, Michael, *Imagination, Inspiration, Innovation, Kreative Kräfte nutzen*, Originaltitel: Imagineering – How to profit from your creative powers, 2. Auflage, München: mvg Verlag, 1991.

Leuner, Hanscarl, *Katathym-imaginative Psychotherapie* (K.I.P.), Fortgeführt von Eberhard Wilke, 6. neu bearbeitete Auflage, Stuttgart: Georg Thieme Verlag, 2005.

Lück, Helmut E., *Die Feldtheorie und Kurt Lewin. Eine Einführung,* Weinheim: Beltz Psychologie Verlags Union, 1996.

Malorny, Christian, Hendrik Backerra, Wolfgang Schwarz, *Kreativitätstechniken. Kreative Prozesse anstoßen, Innovationen fördern,* 3. Auflage, München: Carl Hanser Verlag, 2007.

Münchhausen, Marco v., *So zähmen Sie Ihren inneren Schweinehund,* 6. durchges. u. erg. Auflage, Frankfurt, New York: Campus Verlag, 2006.

Nehberg, Rüdiger, *Medizin Survival, Überleben ohne Arzt,* München, Zürich: Piper, 1998.

Nehberg, Rüdiger, *Survival, Die Kunst zu überleben,* München: Droemer Knaur, 1991. Neuauflage unter dem Titel: *Die Kunst zu überleben, Survival,* mit einer Erweiterung von Mechthild Horn, 7. Auflage, München, Zürich: Piper, 1998.

Pöppelmann, Christa und Frank Beyersdörfer, *Philosophie für Besserwisser,* Bindlach: Gondrom Verlag, 2004.

Rauch, Erich, *Die F. X. Mayr-Kur … und danach gesünder leben,* 4. Auflage, Heidelberg: Karl F. Haug Verlag, 2001.

Rico, Gabriele L., *Garantiert schreiben lernen. Sprachliche Kreativität methodisch entwickeln – ein Intensivkurs,* Sonderausgabe, 2. Auflage, Reinbek: Rowohlt, 2007.

Rückriem, Georg, Stary, Joachim, Franck, Norbert, *Die Technik des wissenschaftlichen Arbeitens. Eine praktische Anleitung,* 10., überarb. Auflage, Paderborn München Wien Zürich: Schöningh, 1997.

Rosa, Hartmut, *Beschleunigung. Die Veränderung der Zeitstruktur in der Moderne.* Frankfurt a. M.: Suhrkamp Verlag, 2005.

Schiffler, Ludger, *Suggestopädie und Superlearning – empirisch geprüft. Einführung und Weiterentwicklung für Schule und Erwachsenenbildung*, Frankfurt am M.: Diesterweg, 1989.

Schmidt, Robert F. und Gerhard Thews (Hg.), *Physiologie des Menschen*, 26. Auflage, Berlin, Heidelberg, New York: Springer Verlag, 1995. Neuauflage, 29. Auflage, 2005.

Schoen, Désirée, Naturgesetze im Alltag für Besserwisser, Bindlach: Gondrom Verlag, 2004.

Schulz von Thun, Friedemann, *Miteinander reden, Bd. 1: Störungen und Klärungen*, 46. Auflage, Reinbek: Rowohlt Taschenbuch Verlag, 2008.

Schuster, Martin und Werner Metzig, *Lernen zu lernen, Lernstrategien wirkungsvoll einsetzen*, 7., verb. Aufl., Berlin u. a.: Springer-Verlag, 2006.

Schwarzer, Ralf, *Stress, Angst und Handlungsregulation*, 4., überarb. Auflage, Stuttgart: Kohlhammer, 2000.

Schweikle, Günther und Irmgard, *Metzler Lexikon Literatur, Begriffe und Definitionen*, 3. völlig neu bearb. Auflage, Stuttgart: Metzler, 2007.

Seifert, Josef W., *Visualisieren, Präsentieren und Moderieren*, 23. Auflage, Offenbach: GABAL, 2006.

Seligman, Martin E. P., *Erlernte Hilflosigkeit*, 2. Auflage, Weinheim: Beltz Verlag, 2000.

Silbernagl, Stefan und Agamemnon Despopoulos, *Taschenatlas Physiologie*, 7. überarbeitete und erw. Auflage, Stuttgart, New York: Georg Thieme Verlag, 2007.

Skambraks, Joachim und Michael Lörcher, *Projekt-Marketing. Wie ich mich und mein Projekt erfolgreich vermarkte, Offenbach: GABAL, 2002.*

Stein, Sol, *Über das Schreiben*, 9. Auflage, Frankfurt am M.: Zweitausendeins, 2005.

Springer, Sally P. und Georg Deutsch, *Linkes Gehirn, rechtes Gehirn: funktionelle Asymmetrien*, Originaltitel: Left Brain, Right Brain, 4. Auflage, Heidelberg, Berlin: Spektrum Akademischer Verlag, 1998.

Strittmatter, Peter, *Schulangstreduktion, Abbau von Angst in schulischen Leistungssituationen,* 2. überarb. Auflage, Neuwied: Luchterhand Verlag, 1997.

Svantesson, Ingmar, *Mind Mapping und Gedächtnistraining, Übersichtlich strukturieren – Kreativ arbeiten – Sich mehr merken,* 8. Auflage, Offenbach: GABAL, 2006.

Temelie, Barbara und Beatrice Trebuth, *Das Fünf Elemente Kochbuch, Die praktische Umsetzung der chinesischen Ernährungslehre für die westliche Küche, 200 Rezepte zur Stärkung von Körper und Geist,* 26. Auflage, Sulzberg: Joy Verlag, 2002.

Uchtenhagen, Ambros und Walter Zieglgänsberger, *Suchtmedizin. Konzepte, Strategien und therapeutisches Management,* München: Urban&Fischer Verlag, 1999.

Vester, Frederic, *Denken, Lernen, Vergessen. Was geht in unserem Kopf vor, wie lernt das Gehirn, und wann lässt es uns im Stich?* 32. Auflage, München: Deutscher Taschenbuch Verlag, 2007.

Weischedel, Wilhelm, *Die philosophische Hintertreppe, Die großen Philosophen in Alltag und Denken,* 36. Auflage, München: Deutscher Taschenbuch Verlag, 2007.

Werder, Lutz v., *Wissenschaftliche Texte kreativ lesen, Kreative Methoden für das Lernen an Hochschulen und Universitäten,* Berlin: Schibri-Verlag, 1994.

Interessante Links

**http://www.stangl-taller.at/ARBEITSBLAETTER/LERNEN/
Lernstrategien.html** Ausführliche Beschreibung von Lerntypen
und Lernstrategien, insgesamt sehr ausführliche Beiträge zu allen
Themen rund ums Lernen, inklusive Materialien

http://www.netschool.de/ler/lerzit16.htm
Lernerstiltest nach Felder

http://www.ncsu.edu/felder-public/
Alle Informationen zu Felder

http:/www.delfs-swora.de
Ausgezeichnete Homepage mit umfassenden Materialien für erwachsene Lerner

Stichwortverzeichnis